台湾華語で ぐるっと 台湾めぐり

樂大維 著

音声
無料ダウンロード

白水社

吹　込　者　　陳虹霖　樂大維
カバーイラスト　　鹿野理恵子
表　紙　写　真　　UPI/アフロ
装丁デザイン　　株式会社エディポック＋株式会社ELENA Lab.
本文レイアウト　　株式会社エディポック

まえがき

　読者のみなさまのおかげで、前著『今日からはじめる台湾華語』はこれまで何度も刷を重ね、多くの方に手に取っていただきました。読んでいただいた方から寄せられたご意見やご指摘を参考にしながら、今回は、台湾全土を舞台にした台湾華語の会話書をお届けいたします。

　日本の読者に現在の台湾の様子を見ていただきたいという思いから、私の三種の神器であるボイスレコーダー、手帳、カメラを携えて、実際に各地を歩き回ってきました。

　「日本一周は難しいけど、台湾一周なら行けるかも！」という熱い気持ちで、暑い夏に取材をはじめました。旅行中は親切な人に恵まれ、生き生きとした会話を交わすことができました。この本の随所にそのやりとりが生きています。

　現地の美味しいものを食べまくったり、レンタサイクルを利用したり、陶磁器を買いに行ったり、遊覧船に乗ったり、お寺と先住民族の祭りに参加したりと、ネイティブの私にとってもじつに充実した日々でした。冒険であり、宝探しでもあるこの台湾一周の旅を通して、台湾華語の学習を楽しんでいただければ幸いです。思いもかけない出会いがあなたを待っていますよ。

　今回は台湾本島をぐるっとひとめぐりしましたが、離島の澎湖、緑島、蘭嶼なども本島に負けない魅力がありますので、そちらにもぜひ一度足を運んでみてください。

　なお、付録の注音符号（ボポモフォ）音節表ですが、台湾教育部（日本の文部科学省に相当）の出版物を踏まえて、私が日本向けに改良したものです。みなさまの勉強の手助けになれば嬉しいです。

　最後に、さまざまな助言をしてくださった陳盈樺先生、台湾華語の吹き込みをしてくださった陳虹霖先生に改めて感謝いたします。

　読者のみなさま、台湾華語で2300万の台湾人とふれあってください。

2020年10月

著　者

目　次

［卷末］

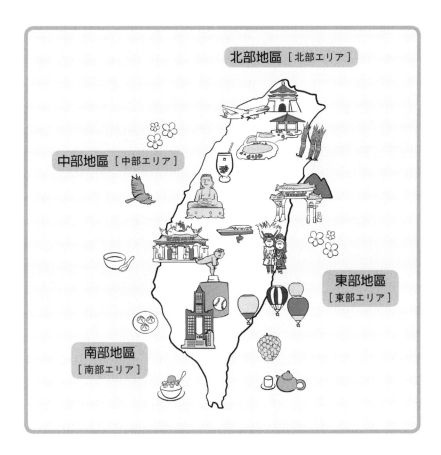

北部地區［北部エリア］

中部地區［中部エリア］

東部地區
［東部エリア］

南部地區
［南部エリア］

⓪ 出発前の準備

我們要出發了！
說到「日語」，就會想到五十音；
說到「台灣華語」，就會想到注音符號。
那麼我們一起來複習一下注音符號吧！

もうすぐ出発！

「日本語」といえば、五十音が思い出されますが、
「台湾華語」といえば、注音符号が思い出されます。
では一緒に注音符号をおさらいしましょう。

🔊 02

● 注音符号

みなさん、特訓をはじめましょう！

「注音符号」というのは、台湾華語の発音記号で、頭の四文字の「ㄅㄆㄇㄈ」から
ボポモフォとも呼びます。37個あります。

ちなみに、中国本土の標準語「普通話」ですが、その発音はピンイン（pinyin）とい
うアルファベットを使った記号で表現されます。

| 中国本土 | 普通話 ➡ ピンイン |

| 台湾 | 華語 ➡ 注音符号 |

次ページに示します。

台湾教育部（日本の文部科学省に相当）の出版物による並び順ですが、前はピンイン
で、後ろは注音符号です。

（子音編）

b	ㄅ	p	ㄆ	m	ㄇ	f	ㄈ
d	ㄉ	t	ㄊ	n	ㄋ	l	ㄌ
g	ㄍ	k	ㄎ	h	ㄏ		
j	ㄐ	q	ㄑ	x	ㄒ		
zh(i)	ㄓ	ch(i)	ㄔ	sh(i)	ㄕ	r(i)	ㄖ
z(i)	ㄗ	c(i)	ㄘ	s(i)	ㄙ		

（母音編）

a	ㄚ	o	ㄛ	e	ㄜ	ê	ㄝ		
ai	ㄞ	ei	ㄟ	ao	ㄠ	ou	ㄡ		
an	ㄢ	en	ㄣ	ang	ㄤ	eng	ㄥ	er	ㄦ
i	ㄧ	u	ㄨ	ü	ㄩ				

※「ㄝ」は単独で使う場合êというピンイン表記になりますが、 ｉとくっつくとyeあ
　るいはieとなります。

● 注音符号の組み合わせ
　①子音一つ・母音一つの場合

　　吃 ➡ ㄔ（食べる）　　　　　一 ➡ ㄧ（一）

　②子音＋母音の場合（縦書き・横書き）

　　喝 ➡ ㄏㄜ（飲む）　　　家 ➡ ㄐㄧㄚ（家）

歌をうたう前に、ドレミファソラシドから、少しずつ音を上げていく発声練習がありますが、台湾華語の「声調」は、音の高低を表す声の調子のことです。台湾旅行に出る友達と会話している感覚でその声調を覚えてみましょう。

（四声）

①あーそうだ！　夏なにする？

　➡高く伸ばす

②えー！　台湾に行くの？

　➡一気に上がる

③へぇー、一周するんだ。

　➡低く抑えてから少し上がる

④さあ、いってらっしゃい！

　➡一気に下がる

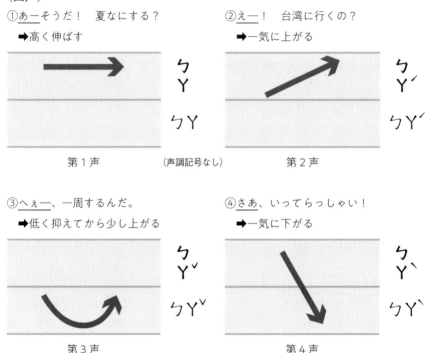

第1声　　　　　（声調記号なし）　　　第2声

第3声　　　　　　　　　　　　　　第4声

（軽声）

○前の音節に続けて軽く短く発音する。

注　声調マークは母音の右上につけます。母音が2つの場合は2つめの母音の右上につけます。軽声のみ子音の真上(横書きの場合は前)に置きます。

● 声調の変化　　　　　　　　　　　　　　　　　🔊))04

①第３声の場合

表記は３声＋３声ですが、発音は２声＋３声になります。

很好　ㄏㄣˇ ㄏㄠˇ　hěn hǎo（よくできた）

②不の場合

本来４声ですが、後ろが４声のときは２声になります。

【４声＋１声】　不聽　ㄅㄨˋ ㄊㄧ　bù tīng　（聞かない）

【４声＋２声】　不行　ㄅㄨˋ ㄒㄧㄥˊ　bù xíng　（だめだ）

【４声＋３声】　不少　ㄅㄨˋ ㄕㄠˇ　bù shǎo　（少なくない）

【４声＋４声】　不去　ㄅㄨˊ ㄑㄩˋ　bú qù　（行かない）

③一の場合

本来１声ですが、後ろが１声・２声・３声のときは４声になり、後ろが４声のときは２声になります。

【４声＋１声】　一千　ㄧˋ ㄑㄧㄢ　yì qiān　（1000）

【４声＋２声】　一年　ㄧˋ ㄋㄧㄢˊ　yì nián　（1年）

【４声＋３声】　一百　ㄧˋ ㄅㄞˇ　yì bǎi　（100）

【４声＋４声】　一共　ㄧˊ ㄍㄨㄥˋ　yí gòng　（合計で）

● 発音練習

　台湾をぐるっとめぐるにあたって、全島の地名が読めるようになるよう、注音符号の組み合わせ、声調を練習していきましょう。

◎北部地區［北部エリア］

① 基隆　ㄐㄧ　ㄌㄨㄥˊ　jī lóng

② 台北　ㄊㄞˊ　ㄅㄟˇ　tái běi　　注 台北の台＝臺

③ 新北　ㄒㄧㄣ　ㄅㄟˇ　xīn běi

④ 宜蘭　ㄧˊ　ㄌㄢˊ　yí lán

⑤ 桃園　ㄊㄠˊ　ㄩㄢˊ　táo yuán

⑥ 新竹　ㄒㄧㄣ　ㄓㄨˊ　xīn zhú

◎中部地區［中部エリア］

⑦ 苗栗　ㄇㄧㄠˊ　ㄌㄧˋ　miáo lì

⑧ 台中　ㄊㄞˊ　ㄓㄨㄥ　tái zhōng

⑨ 彰化　ㄓㄤ　ㄏㄨㄚˋ　zhāng huà

⑩ 南投　ㄋㄢˊ　ㄊㄡˊ　nán tóu

⑪ 雲林　ㄩㄣˊ　ㄌㄧㄣˊ　yún lín

◎南部地區［南部エリア］

⑫ 嘉義　ㄐㄧㄚ　ㄧˋ　jiā yì

⑬ 台南　ㄊㄞˊ　ㄋㄢˊ　tái nán

⑭ 高雄　ㄍㄠ　ㄒㄩㄥˊ　gāo xióng

⑮ 屏東　ㄆㄧㄥˊ　ㄉㄨㄥ　píng dōng

◎東部地區［東部エリア］

⑯花蓮　ㄏㄨㄚ ㄌㄧㄢˊ　huā lián

⑰台東　ㄊㄞˊ ㄉㄨㄥ　tái dōng

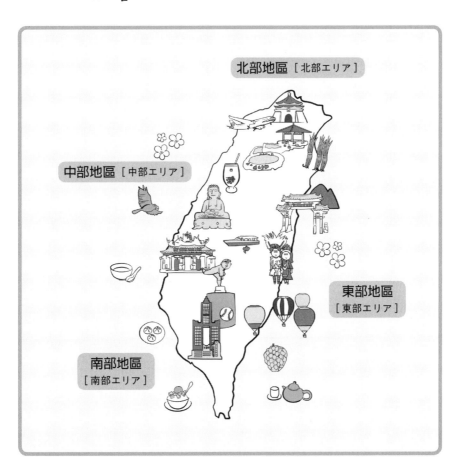

北部地區［北部エリア］

中部地區［中部エリア］

東部地區
［東部エリア］

南部地區
［南部エリア］

● **数字**　🔊 06

1	2	3	4	5	6	7	8	9	10
ㄧ	ㄦˋ	ㄙㄢ	ㄙˋ	ㄨˇ	ㄌㄧㄡˋ	ㄑㄧ	ㄅㄚ	ㄐㄧㄡˇ	ㄕˊ
yī	èr	sān	sì	wǔ	liù	qī	bā	jiǔ	shí

01 基隆

基隆

我到基隆了！
在港邊能看到黑鳶在天空翱翔；
在市內也能感受到中元祭的熱鬧氣氛。

基隆に到着！
港のあたりでは空を旋回している「黒鳶」(基隆を代表する鷹の一種)が見えるし、
町の中でも「中元祭*」の賑やかな雰囲気が味わえるでしょう。

*「中元祭・中元節」というのは旧暦7月の死者の魂を迎え供養する祭り・節句です。

会 話

● 基隆駅の駅弁を売っているスタンドにて　　　　　　　　　🔊)) 07

スタンドの人：**鐵路便當！** 　(台湾語)**便當喔！**
　　　　　　　ㄊㄧㄝ ㄌㄨˋ ㄅㄧㄢˋ ㄉㄤ

旅行者　　：**有素的嗎?**
　　　　　　ㄧㄡˇ ㄙㄨˋ ㄉㄜ˙ ㄇㄚ

スタンドの人：**素的沒(有)了，剩這三種，**
　　　　　　ㄙㄨˋ ㄉㄜ˙ ㄇㄟˊ ㄧㄡˇ ㄌㄜ˙　ㄕㄥˋ ㄓㄜˋ ㄙㄢ ㄓㄨㄥˇ

　　　　　　雞腿、鴨肉，還有排骨。
　　　　　　ㄐㄧ ㄊㄨㄟˇ　ㄧㄚ ㄖㄡˋ　ㄏㄞˊ ㄧㄡˇ ㄆㄞˊ ㄍㄨˇ

旅行者　　：**排骨一個。**
　　　　　　ㄆㄞˊ ㄍㄨˇ ㄧˊ ㄍㄜ˙

スタンドの人：**六十，謝謝。**
　　　　　　ㄌㄧㄡˋ ㄕˊ　ㄒㄧㄝˋ ㄒㄧㄝ˙

● ピンイン

スタンドの人：Tiě lù biàn dāng!

旅行者　　　：Yǒu sù de ma?

スタンドの人：Sù de méi yǒu le, shèng zhè sān zhǒng,

　　　　　　　jī tuǐ, yā ròu, hái yǒu pái gǔ.

旅行者　　　：Pái gǔ yí ge.

スタンドの人：Liù shí, xiè xie.

● 日本語訳

スタンドの人：鉄道弁当！（台湾語の発音で）弁当ですよ！

旅行者　　　：肉なしのはありますか？

スタンドの人：肉なしのはなくなりました。この３種類が残っています。

　　　　　　　鳥もも、鴨肉、あとポークリブです。

旅行者　　　：ポークリブ、ひとつ（ください）。

スタンドの人：60(元)です、ありがとうございます。

■ 単語・文法ポイント

- ・鐵路：鉄道
- ・便當：弁当
- ・嗎：〜か
- ・有：ある
- ・素的：肉なしの（的：後ろの名詞の省略）
- ・沒有：ない
- ・了：(文末に置き)状態変化を表す
- ・剩：残る
- ・這：この
- ・種：種類
- ・雞腿：鳥もも
- ・鴨肉：鴨肉
- ・還：また、さらに
- ・排骨：ポークリブ
- ・個：個
- ・謝謝：ありがとうございます

〈弁当の種類〉

「照燒雞丁便當」　ㄓㄠ ㄕㄠ ㄐㄧ ㄉㄧㄥ ㄅㄧㄢ ㄉㄤ　zhào shāo jī dīng biàn dāng
　➡鶏てりやきのさいの目切り弁当

「鯖魚便當」　ㄑㄧㄥ ㄩˊ ㄅㄧㄢ ㄉㄤ　qīng yú biàn dāng
　➡サバ弁当

「薑汁燒肉飯」　ㄐㄧㄤ ㄓ ㄕㄠ ㄖㄡˋ ㄈㄢˋ　jiāng zhī shāo ròu fàn
　➡生姜焼きご飯

13

●有名な料理、「鼎邊銼」のお店に入りました。

「鼎邊銼」というのは、在来米を研いで液状にしたものを鍋のふちにぐるりと貼り付け、蒸し焼きにした米料理です。通常は蝦のとろみスープや肉のとろみスープに入れて食べます。ほかにも、シイタケやキャベツ、筍の細切り、小魚など12種類の具があります。なお、台湾政府の辞書では「鼎邊銼」という表記ですが、現地の看板では、「鼎」だけでなく、「鎬」という表記もあります。

🔊 08

店員　：要什麼？
　　　　ㄧㄠˋ ㄕㄣˊ ㄇㄜ˙

旅行者：我看一下。
　　　　ㄨㄛˇ ㄎㄢˋ ㄧˊ ㄒㄧㄚˋ

店員　：你慢慢看。
　　　　ㄋㄧˇ ㄇㄢˋ ㄇㄢˋ ㄎㄢˋ

旅行者：我要一碗鼎邊銼，
　　　　ㄨㄛˇ ㄧㄠˋ ㄧˋ ㄨㄢˇ ㄉㄧㄥˇ ㄅㄧㄢ ㄘㄨㄛˋ

　　　　（嫌いな具を指して）不要加這個。
　　　　　　　　　　　　　　ㄅㄨˋ ㄧㄠˋ ㄐㄧㄚ ㄓㄜˋ ㄍㄜ˙

店員　：（ほかの具を指して）這個可以嗎？
　　　　　　　　　　　　　　ㄓㄜˋ ㄍㄜˋ ㄎㄜˇ ㄧˇ ㄇㄚ˙

旅行者：可以。
　　　　ㄎㄜˇ ㄧˇ

注 什麼：「3声＋2声」で発音する人もいます。

　　你：「あなた」の意で男女兼用ですが、同じ発音で女性専用の「妳」もあります。

　このあと、店員が「お客の好みに合わせて調整できるので、苦手なものを何でも言ってね」と一言を添えてくれました。このような親切のことを台湾華語で「客製化」と言います。

Q ピンイン

店員　：Yào shén me?

旅行者：Wǒ kàn yí xià.

店員　：Nǐ màn màn kàn.

旅行者：Wǒ yào yì wǎn dǐng biān cuò. Bú yào jiā zhè ge.

店員　：Zhè ge kě yǐ ma?

旅行者：Kě yǐ.

◐ 日本語訳

店員　：何がほしいの？

旅行者：ちょっと見てみます。

店員　：ゆっくり見てください。

旅行者：鼎邊銼を一つください。（嫌いな具を指して）これは入れないでください。

店員　：（ほかの具を指して）これは大丈夫ですか？

旅行者：大丈夫です。

📕 単語・文法ポイント

・要：ほしい、要る　　・什麼：何、どんなもの　　・我：私

・看：見る　　・一下：(動詞＋一下)ちょっと〜、〜てみる

・你：あなた　　・慢慢：ゆっくりと

・碗：ご飯・スープ・ラーメンの量を数えることば

・不要：〜してはいけない、〜するな　　・加：出す、加える

・這個：これ　　・可以：(〜することが許されて)〜してもよい、よい

コラム

　昔、「基隆」の表記は「雞籠」(にわとりのかご)でした。面白いですね。日本統治時代から、積極的に築港工事が計画され、それが進められるにつれて、台湾で最も主要な商業港となりました。基隆は季節風の影響で冬は常に雨が降るので、「雨港之都」＝「雨都」(雨の都)＝「雨港」(雨の港)と呼ばれています。

　地元の人が言うには、「廟口夜市」がおすすめとのこと。「廟口」(お寺周辺)のお店や屋台はお昼頃から始まり、「夜市」(ナイトマーケット)のほうは夕方から始まります。

🔊 09

Wǒ chī le

我吃了 ＿＿＿＿＿＿＿＿＿＿＿＿＿ 。　　私は ＿＿＿＿＿＿＿ を食べました。
ㄨㄛˇ ㄔ ㄌㄜ˙

注 了：(動詞＋了)動作・行為の完了を表す。

● 「廟口夜市」(廟口ナイトマーケット)の屋台料理

天婦羅・甜不辣　ㄊㄧㄢ ㄈㄨˋ ㄌㄨㄛˊ・ㄊㄧㄢˊ ㄅㄨˊ ㄌㄚˋ　tiān fù luó・tián bú là
➡台湾式てんぷら

營養三明治　ㄧㄥˊ ㄧㄤˇ ㄙㄢ ㄇㄧㄥˊ ㄓˋ　yíng yǎng sān míng zhì
➡栄養サンドイッチ

一口吃香腸　ㄧˋ ㄎㄡˇ ㄔ ㄒㄧㄤ ㄔㄤˊ　yì kǒu chī xiāng cháng
➡一口サイズの台湾ソーセージ

八寶冬粉　ㄅㄚ ㄅㄠˇ ㄉㄨㄥ ㄈㄣˇ　bā bǎo dōng fěn
➡八宝スープ春雨

泡泡冰　ㄆㄠˋ ㄆㄠˋ ㄅㄧㄥ　pào pào bīng
➡ふわふわかき氷

滷肉飯・魯肉飯　ㄌㄨˇ ㄖㄡˋ ㄈㄢˋ　lǔ ròu fàn
➡豚肉と醤油の煮込みかけ丼

肉焿・肉羹　ㄖㄡˋ ㄍㄥ　ròu gēng
➡豚肉入りとろみスープ

油飯　ㄧㄡˊ ㄈㄢˋ　yóu fàn
➡おこわ

潤餅　ㄖㄨㄣˋ ㄅㄧㄥˇ　rùn bǐng
➡台湾風春巻き

鹽酥雞・鹹酥雞　ㄧㄢˊ ㄙㄨ ㄐㄧ・ㄒㄧㄢˊ ㄙㄨ ㄐㄧ　yán sū jī・xián sū jī
➡台湾風唐揚げ

雞捲　ㄐㄧ ㄐㄩㄢˇ　jī juǎn
➡チキンロール

炒飯／炒麵　ㄔㄠˇ ㄈㄢˋ／ㄔㄠˇ ㄇㄧㄢˋ　chǎo fàn / chǎo miàn
➡台湾風チャーハン／台湾風焼きそば

✎ 練習問題

🔊)) 10

❶音声を聞きながら台湾華語を入れてください。

1. (　　　)(　　　) ㄅㄧㄢ ㄉㄤ　弁当
2. (　　　)(　　　) ㄇㄢ ㄇㄢ　ゆっくり
3. (　　　)(　　　) ㄓㄜ ㄍㄜ　これ
4. (　　　)(　　　) ㄇㄟ ㄌㄜ　なくなりました
5. (　　　)(　　　) ㄎㄜ ㄧ　よい

❷以下の台湾華語を日本語に直してください。

1. 要什麼？
　ㄧㄠ ㄕㄣ ㄇㄜ
　_____

2. 我看一下。
　ㄨㄛ ㄎㄢ ㄧ ㄒㄧㄚ
　_____

3. 素的沒了。
　ㄙㄨ ㄉㄜ ㄇㄟ ㄌㄜ
　_____

4. 排骨一個。
　ㄆㄞ ㄍㄨ ㄧ ㄍㄜ
　_____

5. 不要加這個。
　ㄅㄨ ㄧㄠ ㄐㄧㄚ ㄓㄜ ㄍㄜ
　_____

北部地區　中部地區　南部地區　東部地區

［解答例］
❶ 1. 便當　2. 慢慢　3. 這個　4. 沒了
　5. 可以

❷ 1. 何がほしいですか？
　2. ちょっと見てみます。
　3. 肉なしのはなくなりました。
　4. ポークリブ、ひとつ（ください）。
　5. これは入れないでください。

02 台北

台北

我到台北的新北投了！

在這裡可以聞得到硫磺的味道。

我們來一趟溫泉之旅，放鬆一下吧！

台北の新北投に到着！

ここは硫黄の匂いがします。

リラックスした温泉の旅をしませんか！

＊日本統治時代、新北投の温泉観光産業を発展させるため、新北投への鉄道路線を建設しました。

会 話

●ある温泉にて 🔊))11

温泉の人：**你好！以前來過嗎？**

旅行者 ：**沒來過。**

温泉の人：**我們這邊是日式裸湯，**

費用是一百五十元。

旅行者 ：**好。**（お金を渡す）

温泉の人：**這是置物櫃的鑰匙，找二十號。**

旅行者 ：**謝謝。**

◉ ピンイン

温泉の人：Nǐ hǎo! Yǐ qián lái guò ma?

旅行者　：Méi lái guò.

温泉の人：Wǒ men zhè biān shì rì shì luǒ tāng,
　　　　　fèi yòng shì yì bǎi wǔ shí yuán.

旅行者　：Hǎo.

温泉の人：Zhè shì zhì wù guì de yào shi, zhǎo èr shí hào.

旅行者　：Xiè xie.

◉ 日本語訳

温泉の人：こんにちは。以前来たことはありますか？

旅行者　：来たことはありません。

温泉の人：こちらは日本式の裸で入る温泉で、料金は150元です。

旅行者　：はい。

温泉の人：これはコインロッカーのカギで、20番を探してください。

旅行者　：ありがとうございます。

📖 単語・文法ポイント

- 你好：こんにちは
- 以前：以前、昔
- 來：来る
- 過：(動詞＋過、経験を表す）～したことがある
- 沒～過：～したことがない
- 我們：私たち
- 這邊：この辺、こちら
- 是：～である
- 日式：日本式
- 裸湯：裸で入る温泉
- 費用：料金
- 元：台湾ドル
- 好：はい、わかりました
- 置物櫃：コインロッカー
- 的：AのB
- 鑰匙：カギ
- 找：探す
- 號：番

注 台北の台＝臺

我們：「3声＋2声」で発音することもあります。

置物櫃＝置物箱

19

● 温泉に浸ってから、あるベジタリアンの店に行きました。

　台湾ではさまざまな宗教の影響や健康志向という理由などから、菜食主義の人が多く、ベジタリアンのお店もよく目にします。

🔊 12

店の人：夾子在旁邊。
　　　　ㄐㄧㄚˊ ㄗ˙ ㄗㄞˋ ㄆㄤˊ ㄅㄧㄢ

旅行者：噢，謝謝。
　　　　ㄡˋ ㄒㄧㄝˋ ㄒㄧㄝ˙

（さまざまな料理を好きな分だけお皿にとって、重さを測ってもらいます）

店の人：還要什麼？
　　　　ㄏㄞˊ ㄧㄠˋ ㄕㄣˊ ㄇㄜ˙

旅行者：小碗的五穀飯。
　　　　ㄒㄧㄠˇ ㄨㄢˇ ㄉㄜ˙ ㄨˇ ㄍㄨˇ ㄈㄢˋ

店の人：這樣(子)九十五。
　　　　ㄓㄜˋ ㄧㄤˋ ㄗ˙ ㄐㄧㄡˇ ㄕˊ ㄨˇ

Q ピンイン

店の人：Jiá zi zài páng biān.

旅行者：Òu, xiè xie.

店の人：Hái yào shén me?

旅行者：Xiǎo wǎn de wǔ gǔ fàn.

店の人：Zhè yàng zi jiǔ shí wǔ.

日本語訳

店の人：おかずをとるものはそばにあります。

旅行者：ああ、ありがとうございます。

（さまざまな料理を好きな分だけお皿にとって、重さを測ってもらいます）

店の人：まだ何かほしいですか？

旅行者：小碗サイズの五穀飯をお願いします。

店の人：これで95(元)です。

📖 単語・文法ポイント

・夾子：物を挟む道具　　　　・在：(人・事物がある場所に)ある、いる

・旁邊：そば　　・噢：(「そうだったのか」と気づいたり納得した場合、英語のohの意)ああ

・還：また、さらに　　　　　・要：ほしい、要る

・什麼：何、どんなもの　　　・小：小さい　　　　　・碗：茶碗

・的：AのB　　　　　　　　・五穀飯：五穀飯　　　・這樣(子)：これで

北部地區

中部地區

南部地區

東部地區

〈その他のメニュー〉

「白飯」　　　ㄅㄞˊ ㄈㄢˋ　　　bái fàn
　　➡白ごはん

「胚芽五穀飯」　ㄆㄟ ㄧㄚˊ ㄨˇ ㄍㄨˇ ㄈㄢˋ　pēi yá wǔ gǔ fàn
　　➡胚芽の五穀飯

「清粥」　　　ㄑㄧㄥ ㄓㄡ　　　qīng zhōu
　　➡具なしのお粥

「香菇麺線」　ㄒㄧㄤ ㄍㄨ ㄇㄧㄢˋ ㄒㄧㄢˋ　xiāng gū miàn xiàn
　　➡しいたけそうめん

「蔬菜湯」　　ㄕㄨ ㄘㄞˋ ㄊㄤ　　shū cài tāng
　　➡野菜スープ

コラム

　旅の途中、風邪でクリニックに行きましたが、クリニックの方と別れ際、「再見」(さようなら)と言ってしまいました。後からまずい一言に気付きました。じつは、台湾華語の「再見」は文字通り「また会いましょう」ということで、病院などでは禁句(忌み言葉)なのです。このようなときは「拜拜」(英語bye-bye)と言う人もいます。

🔊 13

Zhè lǐ shì　　　　　　　　ma

這裡是＿＿＿＿＿＿＿＿＿嗎？ ここは＿＿＿＿＿＿＿＿ですか？
ㄓㄜ ㄌㄧ ㄕ　　　　　　　　ㄇㄚ

● 台北周辺のナイトマーケット

士林夜市	ㄕ ㄌㄧㄣ ㄧㄝ ㄕ	shì lín yè shì
饒河(街)夜市	ㄖㄠ ㄏㄜ ㄐㄧㄝ ㄧㄝ ㄕ	ráo hé jiē yè shì
師大夜市	ㄕ ㄉㄚ ㄧㄝ ㄕ	shī dà yè shì
寧夏夜市	ㄋㄧㄥ ㄒㄧㄚ ㄧㄝ ㄕ	níng xià yè shì
南機場夜市	ㄋㄢ ㄐㄧ ㄔㄤ ㄧㄝ ㄕ	nán jī chǎng yè shì
遼寧夜市	ㄌㄧㄠ ㄋㄧㄥ ㄧㄝ ㄕ	liáo níng yè shì
華西街夜市	ㄏㄨㄚ ㄒㄧ ㄐㄧㄝ ㄧㄝ ㄕ	huá xī jiē yè shì
公館夜市	ㄍㄨㄥ ㄍㄨㄢ ㄧㄝ ㄕ	gōng guǎn yè shì
景美夜市	ㄐㄧㄥ ㄇㄟ ㄧㄝ ㄕ	jǐng měi yè shì
通化夜市	ㄊㄨㄥ ㄏㄨㄚ ㄧㄝ ㄕ	tōng huà yè shì
臨江街夜市	ㄌㄧㄣ ㄐㄧㄤ ㄐㄧㄝ ㄧㄝ ㄕ	lín jiāng jiē yè shì

コラム

　台湾ではさまざまな手書きの略字を見かけます。日本や中国本土と同じ漢字もありますが、違う漢字も少なくありません。たとえば…

台湾の手書きの略字	台湾の辞典の字
宝	寶
个	個
晒	曬
价あるいは価	價

✎ 練習問題

🔊)) 14

❶ 音声を聞きながら台湾華語を入れてください。

1. (　　　　　) (　　　　　)　　ㄈㄟˋ ㄩㄥˋ　　料金
2. (　　　　　) (　　　　　)　　ㄨㄛˇ ㄇㄣ˙　　私たち
3. (　　　　　)　　　　　　　　ㄓㄠˇ　　探す
4. (　　　　　) (　　　　　)　　ㄐㄧㄚ ㄗˇ　　物を挟む道具
5. (　　　　　) (　　　　　)　　ㄖˋ ㄕˋ　　日本式

❷ 以下の台湾華語を日本語に直してください。

1. 以前來過嗎？
　ㄧˇ ㄑㄧㄢˊ ㄌㄞˊ ㄍㄨㄛˋ ㄇㄚ˙　　_____

2. 這是置物櫃的鑰匙。
　ㄓㄜˋ ㄕˋ ㄓˋ ㄨˋ ㄍㄨㄟˋ ㄉㄜ˙ ㄧㄠˋ ㄕ˙　　_____

3. 還要什麼？
　ㄏㄞˊ ㄧㄠˋ ㄕㄣˊ ㄇㄜ˙　　_____

4. 你好！
　ㄋㄧˇ ㄏㄠˇ　　_____

5. 謝謝。
　ㄒㄧㄝˋ ㄒㄧㄝ˙　　_____

北部地區
中部地區
南部地區
東部地區

［解答例］
❶ 1. 費用　2. 我們　3. 找　4. 夾子
　 5. 日式

❷ 1. 以前来たことがありますか？
　 2. これがコインロッカーのカギです。
　 3. また何がほしいですか？
　 4. こんにちは。
　 5. ありがとうございます。

 新北

我到鶯歌了！
老街中賣的東西，樣樣都美不勝收，
我已經陶醉在這美麗的陶瓷世界裡了。

鶯歌に到着！
古い町並みで売られているものは、どれもこれも美しくてたまりません。
私はすでに綺麗な陶磁器の世界に酔いしれていました。

会 話

● 貼り紙に書かれた「次品」という言葉が気になりました。　　🔊15

オーナー：裡面看喔！

旅行者 ：老闆，什麼是「次品」？

（オーナーはある商品を手にしました。）

オーナー：你看！這邊有小瑕疵，

　　　　　就是「次級品」的意思。

旅行者 ：原來如此。

24

❓ ピンイン

オーナー：Lǐ miàn kàn ō!
旅行者 ：Lǎo bǎn, shén me shì cì pǐn?
オーナー：Nǐ kàn! Zhè biān yǒu xiǎo xiá cī,
　　　　　jiù shì cì jí pǐn de yì si.
旅行者 ：Yuán lái rú cǐ.

🔊 日本語訳

オーナー：中へどうぞ！
旅行者 ：すみません、「次品」とは何ですか？
オーナー：ほら、ここは小さなキズがあるので、
　　　　　「次級品」の意味です。
旅行者 ：なるほど。

📖 単語・文法ポイント

・裡面：中　　　　　　　・看：見る
・〜喔：(提案・注意の意)〜よ　　　・老闆：オーナー
・次品：不良品　　　　・你看：あなた、見て＝ほら
・瑕疵：欠陥　　　　　・就是〜的意思：〜ということである
・次(級)品：不良品　　・原來如此：なるほど

注 老闆＝老板

旅行者　：老闆，每個碗都有小黑點嗎？

オーナー：瓷器量產都會這樣。

如果您在意的話，

可以挑別的。

❶ ピンイン

旅行者　：Lǎo bǎn, měi ge wǎn dōu yǒu xiǎo hēi diǎn ma?
オーナー：Cí qì liàng chǎn dōu huì zhè yàng.
　　　　　Rú guǒ nín zài yì de huà,
　　　　　kě yǐ tiāo bié de.

❶ 日本語訳

旅行者　：すみません、どの碗にも小さな黒い斑点がありますか？
オーナー：陶磁器は大量に生産されるのでこういうふうになってしまうのです。
　　　　　もしお気になさる場合、
　　　　　ほかのをお選びいただいても構いません。

📖 単語・文法ポイント

・每個：どの	・碗：茶碗	・都：すべて、いずれも
・黑點：黒の点	・瓷器：陶磁器	・量產：量産
・會：はずである、～であろう		・這樣：こんなふうである
・如果～的話：もし～ならば		・您：「你」(あなた)の丁寧語
・在意：気になる	・挑：選ぶ	・別的：別の(もの)

● レジで会計するときに　　　　　　　　　　　🔊 17

店員　：這是您的嗎？

旅行者：對！

店員　：總共是七百八十元。稍等一下，幫您打包。

旅行者：謝謝。

Ｑ ピンイン

店員　：Zhè shì nín de ma?
旅行者：Duì!
店員　：Zǒng gòng shì qī bǎi bā shí yuán.
　　　　Shāo děng yí xià, bāng nín dǎ bāo.
旅行者：Xiè xie.

⊕ 日本語訳

店員　：これはお客様のですか？
旅行者：はい。
店員　：合計で780元です。少々お待ちください。お包みします。
旅行者：ありがとうございます。

📖 単語・文法ポイント

・您的：あなたの(もの)　　・對：正しい、合っている　　・總共：合計で
・稍等一下：少々お待ちください　　　　　　　　・幫：助ける、手伝う
・打包：包む、パックする

☑ 補充単語

18

Wǒ qù guò

我去過_____ 。

ㄨㄛ ㄑㄩ ㄍㄨㄛ

私は _____ に行ったことがあります。

注 過：（動詞＋過）経験を表す。

● 台北を囲んだ新北市は合計で29区あり、観光客がよく訪れる地域です。主な町を以下に挙げます。

板橋	ㄅㄢ ㄑㄧㄠ	bǎn qiáo
新店	ㄒㄧㄣ ㄉㄧㄢ	xīn diàn
鶯歌	ㄧㄥ ㄍㄜ	yīng gē
三峽	ㄙㄢ ㄒㄧㄚ	sān xiá
瑞芳	ㄖㄨㄟˋ ㄈㄤ	ruì fāng
深坑	ㄕㄣ ㄎㄥ	shēn kēng
石碇	ㄕˊ ㄉㄧㄥ	shí dìng
淡水	ㄉㄢ ㄕㄨㄟ	dàn shuǐ
平溪	ㄆㄧㄥ ㄒㄧ	píng xī
烏來	ㄨ ㄌㄞ	wū lái

コラム

「鶯歌」を訪ねた当日は、賑やかな音楽や人々の台湾語が耳に入りました。そこから歩いて歩道橋を渡ると、向こう側にあるお寺の前では「歌仔戲」（台湾オペラ）が催されていました。鑑賞中のおばさんに聞いたところ、毎年旧暦７月、ひと月のあいだ楽しめるようです。派手な衣装とメークに魅了されました。

✐ 練習問題

🔊)) 19

❶ 音声を聞きながら台湾華語を入れてください。

1.(　　　　　）　　ㄉㄡ　　　すべて、みな
2.(　　　　）（　　　　）　ㄌㄠˇ ㄅㄢ　オーナー
3.(　　　　）（　　　　）　ㄓㄜˋ ㄅㄧㄢ　この辺
4.(　　　　）（　　　　）　ㄖㄨˊ ㄍㄨㄛˇ　もし
5.(　　　　　）　　ㄊㄧㄠ　　選ぶ

❷ 以下の台湾華語を日本語に直してください。

1. 請問　ㄑㄧㄥˇ ㄨㄣˋ
＿＿＿＿＿＿＿＿＿＿

2. 這是您的嗎？　ㄓㄜˋ ㄕˋ ㄋㄧㄣˊ ㄉㄜˊ ㄇㄚ
＿＿＿＿＿＿＿＿＿＿

3. 原來如此。　ㄩㄢˊ ㄌㄞˊ ㄖㄨˊ ㄘˇ
＿＿＿＿＿＿＿＿＿＿

4. 幫您打包。　ㄅㄤ ㄋㄧㄣˊ ㄉㄚˇ ㄅㄠ
＿＿＿＿＿＿＿＿＿＿

5. 你看！　ㄋㄧˇ ㄎㄢˋ
＿＿＿＿＿＿＿＿＿＿

［解答例］
❶ 1.都　2.老闆＝老板　3.這邊
　　4.如果　5.挑

❷ 1.お尋ねしますが
　　2.これはお客様のですか？
　　3.なるほど。
　　4.お包みいたします。
　　5.あなた、見て＝ほら！

04 宜蘭

我到宜蘭了！
在宜蘭參加完一年一度的「童玩節」後，
別忘了去一趟羅東夜市飽餐一頓。

宜蘭に到着！
宜蘭で年1回の「童玩節」＝「國際童玩藝術節」（国際キッズテーマパーク芸術祭）に
参加したあとは、「羅東夜市」でお腹一杯になるまで食事することを忘れないでくだ
さい。

会 話

● 地元の人に観光スポットについて聞きました。　　　　　🔊 20

旅行者　：宜蘭有哪些景點？

地元の人：比如說，

　　　　　羅東夜市啊，宜蘭酒廠啊，

　　　　　還有國立傳統藝術中心。

　　　　　觀光工廠也很多，

　　　　　你一定要去。

🔍 ピンイン

旅行者　：Yí lán yǒu nǎ xiē jǐng diǎn?

地元の人：Bǐ rú shuō, luó dōng yè shì ā, yí lán jiǔ chǎng ā,
　　　　　hái yǒu guó lì chuán tǒng yì shù zhōng xīn.
　　　　　Guān guāng gōng chǎng yě hěn duō, nǐ yí dìng yào qù.

◑ 日本語訳

旅行者　：宜蘭にはどんな観光名所がありますか？

地元の人：たとえば、羅東ナイトマーケットとか、宜蘭酒工場とか、
　　　　　あと国立伝統芸術センターです。
　　　　　観光向けの工場も多いし、ぜひ行ってください。

📖 単語・文法ポイント

- 宜蘭：宜蘭
- 哪些：どの、どんな
- 景點：観光スポット
- 比如說：たとえば
- 羅東夜市：羅東ナイトマーケット
- 啊：～だとか（列挙を示す）
- 宜蘭酒廠：宜蘭酒工場
- 還：また、さらに
- 國立傳統藝術中心：国立伝統芸術センター
- 觀光工廠：観光向けの工場
- 也：も
- 很：とても
- 多：多い
- 一定：ぜひとも、絶対に
- 要：（要＋動詞）～しなければならない
- 去：行く

注 很：本来は「とても」という意味ですが、ただ単に「～だ」という形容詞の意味を
伝えたいときには、文を成り立たせるための飾りの「很」を形容詞の前に置きます。
「宜蘭酒廠」は台湾で一番古い酒工場です。
「國立傳統藝術中心」を「傳藝」と略称する人もいるようです。

コラム

・活火山を探検しよう

　地元の人から勧められたのですが、宜蘭の隣に位置する離島、「龜山島」(亀山
島)は台湾唯一の活火山で、海で遊んでいるクジラが見えるらしいです。

旅行者　：請問，這個字怎麼念?
<small>くメ・ら・ めせ・がゲ・アワ・ほ・ねろ・ネろ</small>

地元の人：這個念「卜」。
<small>せて・がゲ・ねろ・ ぶメ</small>

旅行者　：這邊有賣卜肉嗎？
<small>せて・ぶろ・一ヌ・ほ・ぶメ・日ヌ・ほ</small>

地元の人：這(一)攤跟那(一)攤。
<small>せて・一・ねら・がゲ・ねY・一・ねら</small>

❓ ピンイン

旅行者　：Qǐng wèn, zhè ge zì zěn me niàn?
地元の人：Zhè ge niàn bǔ.
旅行者　：Zhè biān yǒu mài bǔ ròu ma?
地元の人：Zhè yì tān gēn nà yì tān.

🔄 日本語訳

旅行者　：すみません、この字ってどう読めばいいですか？
地元の人：これは卜 (bǔ) と読みます。
旅行者　：この辺りでは、「卜肉」を売っていますか？
地元の人：このスタンドとあのスタンドです。

> **コラム**
>
> ・**謎の略語**
>
> バスターミナルには「雪隧」という表示がありますが、「雪山隧道」(雪山トンネル)の略語です。台北と宜蘭を結ぶ北宜高速道路のトンネルで、全長は12.9kmで、高速道路用トンネルとしては台湾一、世界第5位の長さです。

📖 単語・文法ポイント

・請問：お尋ねしますが	・這個字：この字	・怎麼：どのように
・念：読む	・有：(有＋動詞)習慣・存在の意を表す	
・賣：売る	・卜肉：豚肉	・這(一)攤：このスタンド
・跟：AとB	・那(一)攤：あのスタンド	

注 有：台湾語の影響を受けて動詞の前に付ける使い方が生まれました。

「このスタンド」という時、「指示代名詞」と「名詞」の間に「数量詞」(数詞と量詞)を入れて言うのが普通です。「這一攤」になりますが、数詞の「一」はよく省略されます。

「卜肉」というのは豚肉の意味で、揚げ物と焼き物の2種類あります。宜蘭の羅東と三星が有名です。

コラム

・**四大温泉**

　宜蘭の「礁溪」は名高い温泉郷で、その温泉水をミネラルウォーターとして飲んでも体によさそうです。ちなみに、日本統治時代に最も名が知れていた台湾四大温泉といえば、台北の「北投」「陽明山」、台中の「關子嶺」、屏東の「四重溪」でした。

🔊)) 22

Zhè lǐ yǒu　　　　　ma

這裡有 ＿＿＿＿＿＿＿＿ 嗎？ ここは ＿＿＿＿＿＿＿＿ がありますか？
ㄓㄜ ㄌㄧ ㄧㄡ　　　　　ㄇㄚ

● 美味しいもの

| 鴨賞・鴨月賞 | ㄧㄚ ㄩㄝˋ | yā (yuè) shǎng | ➡アヒル肉の燻製 |
| 櫻桃鴨 | ㄧㄥ ㄊㄠ ㄧㄚ | yīng táo yā | ➡チェリーダック |

注アヒル1羽を5種類の食べ方にする有名な料理

奶凍捲	ㄋㄞ ㄉㄨㄥˋ ㄐㄩㄢ	nǎi dòng juǎn	➡ロールケーキ
花生糖	ㄏㄨㄚ ㄕㄥ ㄊㄤ	huā shēng táng	➡ピーナッツ入り水あめ
蜜餞	ㄇㄧˋ ㄐㄧㄢˋ	mì jiàn	➡果物の砂糖漬け
三星蔥・三星葱	ㄙㄢ ㄒㄧㄥ ㄘㄨㄥ	sān xīng cōng	➡宜蘭の三星のネギ（三星は産地）
宜蘭餅	ㄧˊ ㄌㄢˊ ㄅㄧㄥˇ	yí lán bǐng	➡厚さは0.1ミリの、世界で最も薄いと言われるクッキー
羊羹	ㄧㄤˊ ㄍㄥ	yáng gēng	➡羊羹

● 観光スポット

礁溪温泉　ㄐㄧㄠ ㄒㄧ ㄨㄣ ㄑㄩㄢˊ　jiāo xī wēn quán
➡台湾では珍しい平地の温泉

蘇澳冷泉　ㄙㄨ ㄠˋ ㄌㄥˇ ㄑㄩㄢˊ　sū ào lěng quán
➡22℃以下の低温鉱泉

冬山河親水公園　ㄉㄨㄥ ㄕㄢ ㄏㄜˊ ㄑㄧㄣ ㄕㄨㄟˇ ㄍㄨㄥ ㄩㄢˊ　dōng shān hé qīn shuǐ gōng yuán
➡毎年国際キッズテーマパーク芸術祭を開催する場所

注「礁溪」「蘇澳」は地名で、「冬山河」は川の名前です。

✎ 練習問題

🔊))) 23

❶ 音声を聞きながら台湾華語を入れてください。

1. (　　　　)(　　　　)　ㄐㄧㄥˇ ㄉㄧㄢˇ　観光スポット

2. (　　　　)(　　　　)　ㄧㄝˋ ㄕˋ　ナイトマーケット

3. A (　　　　) B　ㄍㄣ　AとB

4. (　　　　)　ㄧㄝˇ　〜も

5. (　　　　)(　　　　)　ㄍㄨㄥ ㄔㄤˇ　工場

❷ 以下の台湾華語を日本語に直してください。

1. 比如說
ㄅㄧˇ ㄖㄨˊ ㄕㄨㄛ
_____

2. 你一定要去。
ㄋㄧˇ ㄧ ㄉㄧㄥˋ ㄧㄠˋ ㄑㄩˋ
_____

3. 這個字怎麼念?
ㄓㄜˋ ㄍㄜˋ ㄗˋ ㄗㄣˇ ㄇㄜˋ ㄋㄧㄢˋ
_____

4. 這邊有賣卜肉嗎?
ㄓㄜˋ ㄅㄧㄢ ㄧㄡˇ ㄇㄞˋ ㄅㄨˇ ㄖㄡˋ ㄇㄚˋ
_____

［解答例］
❶ 1.景點　2.夜市　3.跟　4.也
5.工廠

❷ 1.たとえば
2.ぜひ行ってください。
3.この字はどう読みますか?
4.ここは「卜肉」(豚肉)を売っています
か?

⦿05 桃園

桃園 ⦿

我到桃園了！
在桃園機場看到許多外國人在買SIM卡，
應該都想打通電話與家人報平安吧！

桃園に到着！
桃園空港で大勢の外国人がSIMカードを買っているのを見かけました。
おそらく家族に「無事台湾に着いたぞ！」と電話したいのでしょう。

💬 会 話

● 空港でSIMカードを買いたいときに　　　　🔊 24

店員　：要買幾天的?
　　　　　ㄧㄠˋ ㄇㄞˇ ㄐㄧˇ ㄊㄧㄢ ㄉㄜ˙

旅行者：七天的。
　　　　　ㄑㄧ ㄊㄧㄢ ㄉㄜ˙

店員　：收您一百台幣喔！
　　　　　ㄕㄡ ㄋㄧㄣˊ ㄧˋ ㄅㄞˇ ㄊㄞˊ ㄅㄧˋ ㄛ

旅行者：好。
　　　　　ㄏㄠˇ

店員　：護照！
　　　　　ㄏㄨˋ ㄓㄠˋ

旅行者：這邊。
　　　　　ㄓㄜˋ ㄅㄧㄢ

（店員からサインが必要な紙が渡される）

36

店員　：麻煩簽名。

旅行者：好。（自分の携帯電話を渡す）

店員　：殼要拆掉喔！

旅行者：啊，不好意思。

ⓐ ピンイン

店員　：Yào mǎi jǐ tiān de?

旅行者：Qī tiān de.

店員　：Shōu nín yì bǎi tái bì ō!

旅行者：Hǎo.

店員　：Hù zhào!

旅行者：Zhè biān.

店員　：Má fán qiān míng.

旅行者：Hǎo.

店員　：Ké yào chāi diào ō!

旅行者：À, bù hǎo yì si.

ⓓ 日本語訳

店員　：何日間のになさいますか？

旅行者：7日間のをください。

店員　：100台湾ドルになりますよ。

旅行者：はい。

店員　：パスポート（を見せてください）！

旅行者：こちらです。

店員　：サインお願いします。

旅行者：はい。（自分の携帯電話を渡す）

店員　：ケースを外してくださいね！

旅行者：あっ、すみません。

37

📖 単語・文法ポイント

- 要：(要＋動詞)〜したい、〜したがる、〜するつもりである
- 買：買う　　　・幾天的：何日間の(もの)　　・〜天的：〜日間の(もの)
- 收：受け取る　　・台幣：台湾ドル　　　　　・喔：(提案・注意の意)〜よ
- 護照：パスポート　・麻煩：面倒をかける　　　・簽名：サインする
- 殼：(携帯電話の)ケース
- 要：(要＋動詞)〜しなければならない　　　　・拆掉：取り除く
- 啊：(驚いて)ああ、あっ　　　　　　　　　・不好意思：すみません

注 啊：1声ですが、4声・軽声でもあります。

コラム

　使用日数によって違うSIMカードのプランが多くありますが、主にアルファベットのABCDで分けられています。たとえば、Aプラン、Bプラン……。

● 地元の人と出会いました。　　　　　　　　　　🔊 25

旅行者　：桃園哪裡好玩？

地元の人：大溪吧！

　　　　因為那裡有老街，比較不一樣。

🅠 ピンイン

旅行者　：Táo yuán nǎ lǐ hǎo wán?

地元の人：Dà xī ba!
　　　　Yīn wèi nà lǐ yǒu lǎo jiē, bǐ jiào bù yí yàng.

❶ 日本語訳

旅行者　：桃園はどこが楽しいですか？

地元の人：大渓かな。

　　　　　そこは古い町並みがあって(雰囲気が)比較的違うからです。

▦ 単語・文法ポイント

- ・桃園：(地名)桃園
- ・哪裡：どこ
- ・好玩：(遊んで)楽しい
- ・大渓：(地名)大渓
- ・吧：たぶん～でしょう
- ・因為：～のために
- ・那裡：そこ
- ・有：ある、持っている
- ・老街：古い町並み
- ・比較：比較的
- ・不一様：違う(不：否定を示す、一様：同じである)

コラム

・桃園の名物「米干」

　1950年、台湾に撤退したビルマ軍は、龍岡地区で暮らしました。そこで、多くのビルマ移民が雲南の味を楽しめる料理を売り始め、それらは次第に地元の特色グルメとなりました。なお、毎年４月に龍岡米干フェスティバルが開催されているそうです。

　桃園の「中壢」では、「花生酥糖」(ピーナッツバター)、「牛肉麺」(牛肉麺)、「鐮刀」(かま)を「中壢三寶」(中壢３つの宝物)と言います。その駅周辺には東南アジアから来た人が多く生活しています。桃園の観光センターに聞くと、かれらは台湾への出稼ぎ労働者ということがわかりました。東南アジア系の飲食店も少なくありません。なお、駅のホームの案内板には、台湾華語・英語のほか、タイ語を含めた東南アジアの３言語の表示があります。

🔊 26

hěn hǎo chī

_____ 很好吃。 _____ がおいしいです。
　　　　　　　　　　　「ㄣˇ 「ㄠˇ ㄔ

注 很：本来は「とても」という意味ですが、ここでは文を成り立たせるための飾りと
　　して、形容詞「おいしい」の前に置かれています。

● おいしいもの

米干　　　　　　　　　ㄇ一ˇ ㄍㄢ　　　　　　mǐ gān
　➡ お米でできた麺

大溪豆干・大溪豆乾　ㄉㄚˋ ㄒ一 ㄉㄡˋ ㄍㄢ　dà xī dòu gān
　➡ 「大溪」(地名)の押し豆腐

茶葉　　　　　　　　　ㄔㄚˊ 一ㄝˋ　　　　　chá yè
　➡ 茶の葉

花生酥糖　　　　　　ㄏㄨㄚ ㄕㄥ ㄙㄨ ㄊㄤˊ　huā shēng sū táng
　➡ ピーナッツバター

● 観光スポット

大溪橋／大溪老街　ㄉㄚˋ ㄒ一 ㄑ一ㄠˊ／ㄉㄚˋ ㄒ一 ㄌㄠˇ ㄐ一ㄝ　dà xī qiáo/dà xī lǎo jiē
　➡ 大渓橋／大渓の古い町並み

購物中心　　　　　　ㄍㄡˋ ㄨˋ ㄓㄨㄥ ㄒ一ㄣ　gòu wù zhōng xīn
　➡ ショッピングモール

石門水庫　　　　　　ㄕˊ ㄇㄣˊ ㄕㄨㄟˇ ㄎㄨˋ　shí mén shuǐ kù
　➡ 石門ダム

桃園夜市　　　　　　ㄊㄠˊ ㄩㄢˊ 一ㄝˋ ㄕˋ　táo yuán yè shì
　➡ 桃園ナイトマーケット

中壢夜市　　　　　　ㄓㄨㄥ ㄌ一ˋ 一ㄝˋ ㄕˋ　zhōng lì yè shì
　➡ 中壢ナイトマーケット

✎ 練習問題

🔊 27

1 音声を聞きながら台湾華語を入れてください。

1. (   )(   )　　ㄊㄞˊ ㄅ　　台湾ドル
2. (   )(   )　　ㄏㄨˋ ㄓㄠ　　パスポート
3. (   )(   )　　ㄋㄚˇ ㄌㄧ　　どこ
4. (   )(   )(   )　ㄅㄨˋ ㄧ ㄧㄤˋ　違う
5. (   )　　　　　　　ㄕㄡ　　受け取る

北部地區 / 中部地區 / 南部地區 / 東部地區

2 以下の台湾華語を日本語に直してください。

1. 要買幾天的？
　ㄧㄠˋ ㄇㄞˇ ㄐㄧˇ ㄊㄧㄢ ㄉㄜ˙
_____

2. 麻煩簽名。
　ㄇㄚˊ ㄈㄢˊ ㄑㄧㄢ ㄇㄧㄥˊ
_____

3. 因為那裡有老街。
　ㄧㄣ ㄨㄟˋ ㄋㄚˋ ㄌㄧˇ ㄧㄡˇ ㄌㄠˇ ㄐㄧㄝ
_____

4. 殼要拆掉喔！
　ㄎㄜˊ ㄧㄠˋ ㄔㄞ ㄉㄧㄠˋ ㄛ
_____

5. 桃園哪裡好玩？
　ㄊㄠˊ ㄩㄢˊ ㄋㄚˇ ㄌㄧˇ ㄏㄠˇ ㄨㄢˊ
_____

［解答例］
1 1. 台幣　2. 護照　3. 哪裡　4. 不一樣
　　5. 收

2 1. 何日間のを買いますか？
　　2. サインをお願いします。
　　3. そこには古い町並みがあるからです。
　　4. ケースを外してくださいね。
　　5. 桃園はどこが楽しいですか？

06 新竹

新竹

我到新竹了！
這裡就是傳說中的「風城」。
我的帽子差點要被吹走了。

新竹に到着！
ここが伝説の「風の町」です*。
帽子が風に飛ばされるところでした。

*新竹は風の吹いてくる方向と地形の影響をうけ、風がとくに強く、「風城」(風の町)と呼ばれています。

🗨 会 話

●「城隍廟」(城市の守り神を祀る)近くのかき氷のお店へ　🔊)) 28

店員　：你好！要什麼？看一下喔！
　　　　ㄋㄧˇ ㄏㄠˇ　ㄧㄠˋ ㄕㄣˊ ㄇㄜ˙　ㄎㄢˋ ㄧˊ ㄒㄧㄚˋ ㄛ˙

旅行者：我要一個鳳梨冰，裡面吃。
　　　　ㄨㄛˇ ㄧㄠˋ ㄧˊ ㄍㄜˋ ㄈㄥˋ ㄌㄧˊ ㄅㄧㄥ　ㄌㄧˇ ㄇㄧㄢˋ ㄔ

店員　：這樣九十五元。
　　　　ㄓㄜˋ ㄧㄤˋ ㄐㄧㄡˇ ㄕˊ ㄨˇ ㄩㄢˊ

旅行者：好。
　　　　ㄏㄠˇ

店員　：旁邊稍等，自己端喔！
　　　　ㄆㄤˊ ㄅㄧㄢ ㄕㄠ ㄉㄥˇ　ㄗˋ ㄐㄧˇ ㄉㄨㄢ ㄛ˙

Ｑ ピンイン

店員　　：Nǐ hǎo! yào shén me? Kàn yí xià ō!
旅行者：Wǒ yào yí ge fèng lí bīng, lǐ miàn chī.
店員　　：Zhè yàng jiǔ shí wǔ yuán.
旅行者：Hǎo.
店員　　：Páng biān shāo děng, zì jǐ duān ō!

注 たまたま「城隍廟」の近くでお祭りがありました。大きな装置の中に人が入り、神様の格好をして街を歩き、地元の人々もそのうしろについて歩いていました。民族音楽が奏でられ、にぎやかな雰囲気でした。

◑ 日本語訳

店員　　：こんにちは。何にしますか？　ちょっと見てよ！
旅行者：パイナップルのかき氷をひとつください。店内で。
店員　　：これで95元です。
旅行者：はい。
店員　　：隣で少々お待ちください。自分で持ってってよ！

📖 単語・文法ポイント

・一下：（動詞＋一下）ちょっと〜、〜てみる
・喔：（提案・注意の意）〜よ　　　　　・鳳梨冰：パイナップルかき氷
・裡面：中　　　　　　・吃：食べる　　　・這様：これで
・好：はい、わかりました　・旁邊：そば　・稍等：少々お待ちください
・自己：自分で　　　　　・端：（両手で平らに）持つ

注 台湾華語「鳳梨」(パイナップル)は台湾語で「旺來」(発音「オンライ」)という表記もあります。「旺來」というのは、「栄える」という縁起のよい意味なので、現地の習慣では、商売を始めるとき、あるいは選挙の候補者にパイナップルを送って福を呼び寄せます。

北部地區

中部地區

南部地區

東部地區

旅行者：擂茶甜嗎?
ㄌㄟˊ ㄔㄚˊ ㄊㄧㄢˊ ㄇㄚ˙

店の人：微甜。
ㄨㄟˊ ㄊㄧㄢˊ

🅠 ピンイン

旅行者：Léi chá tián ma?
店の人：Wéi tián.

🌐 日本語訳

旅行者：「擂茶」は甘いですか?
店の人：すこし甘いです。

📕 単語・文法ポイント

・擂茶：お茶の一種　　・甜：甘い　　・微：少々

注「擂茶」とは、客家民族に伝わるお茶です。粉末になったお茶に、ゴマやピーナッツなどの素材を磨り潰し、水を入れてドロドロにします。最後はまた水を入れて飲みます。

> ### コラム
>
> 　新竹の山林に囲まれた「嘉興國小」という小学校があります。このような環境のために一度廃校になりかけたことがありましたが、新しい校長先生のおかげでその危機を免れ、児童合唱団を作ることができました。3か月後、たった15名のメンバーの合唱団は新竹でのコンクールのみならず、オーストリアのウィーンへ遠征して、入賞しました。先住民族の民族服装を着て、ステージで歌を披露した子供たちの歌声はとても魅力的でした。

● ゲームの屋台でダーツにチャレンジ　　　　　🔊30

屋台の人：要玩嗎？
　　　　　　ㄧㄠ ㄨㄢ ㄇㄚ

旅行者　：（頷く）嗯！
　　　　　　　　　　　ㄣ

屋台の人：三局一百元。一杯有八支。
　　　　　　ㄙㄢ ㄐㄩ ㄧ ㄅㄞ ㄩㄢ　ㄧ ㄅㄟ ㄧㄡ ㄅㄚ ㄓ

旅行者　：謝謝。
　　　　　　ㄒㄧㄝ ㄒㄧㄝ

❹ ピンイン

屋台の人：Yào wán ma?
旅行者　：Èn!
屋台の人：Sān jú yì bǎi yuán. Yì bēi yǒu bā zhī.
旅行者　：Xiè xie.

❶ 日本語訳

屋台の人：やりますか？
旅行者　：はい。
店員　　：3ラウンド100元です。コップには（ダーツが）8本入っています。
旅行者　：ありがとうございます。

📕 単語・文法ポイント

・要：（要＋動詞）～したい、～するつもりである　　・嗯：うーん（同意を示す）
・局：（ゲームの回数を数える）セット、ラウンド
・杯：（茶・酒などの分量を数える）杯
・支：（矢・線香など棒状のものを数える）本

☑ 補充単語

🔊 31

Wǒ xiǎng qù　　　　　chī / hē

我 想 去 ＿＿＿＿＿＿ 吃 ／ 喝 ＿＿＿＿＿＿ 。
ㄨㄛˇ ㄒㄧㄤˇ ㄑㄩˋ　　　　ㄔ　ㄏㄜ

　　　私は ＿＿＿＿＿ へ ＿＿＿＿＿ を食べに／飲みに行きたいと思います。

注 想：（想＋動詞）～したいと思う、～しようと考える。

● 観光スポットとおいしいもの

■ 城隍廟	ㄔㄥˊ ㄏㄨㄤˊ ㄇㄧㄠˋ	chéng huáng miào	
			➡城市の守り神を祀るやしろ
米粉	ㄇㄧˇ ㄈㄣˇ	mǐ fěn	➡ビーフン
貢丸・摃丸	ㄍㄨㄥˋ ㄨㄢˊ	gòng wán	➡肉団子
蚵仔煎	台湾語発音「オアゼン」		➡牡蠣オムレツ
■ 北埔老街	ㄅㄟˇ ㄆㄨˇ ㄌㄠˇ ㄐㄧㄝ	běi pǔ lǎo jiē	➡北埔の古い街並み
柿餅	ㄕˋ ㄅㄧㄥˇ	shì bǐng	➡干し柿
擂茶	ㄌㄟˊ ㄔㄚˊ	léi chá	➡客家のお茶
客家菜	ㄎㄜˋ ㄐㄧㄚ ㄘㄞˋ	kè jiā cài	➡客家料理
■ 內灣老街	ㄋㄟˋ ㄨㄢ ㄌㄠˇ ㄐㄧㄝ	nèi wān lǎo jiē	➡内湾の古い街並み
粽子	ㄗㄨㄥˋ ㄗ	zòng zi	➡粽
菜包	ㄘㄞˋ ㄅㄠ	cài bāo	➡野菜饅
黑糖糕	ㄏㄟ ㄊㄤˊ ㄍㄠ	hēi táng gāo	➡黒糖蒸しケーキ

　現地では、「野薑花」（ジンジャーリリー・ハナシュクシャ）で作られた粽（ちまき）やエッグロール、お茶などの製品もあります。

練習問題

🔊)) 32

北部地區

❶音声を聞きながら台湾華語を入れてください。

1.（　　　　）（　　　　　）（　　　　）　ㄧ ㄅㄞˇ ㄩㄢˊ　100元
2.（　　　　）　　　　　　　　　　　　　ㄊㄧㄢˊ　　甘い
3.（　　　　）（　　　　　）　　　　　　ㄈㄥˋ ㄌㄧˊ　パイナップル
4.（　　　　）　　　　　　　　　　　　　ㄧㄡˇ　　　ある、持っている
5.（　　　　）　　　　　　　　　　　　　ㄓ　　　　～本

中部地區

❷以下の台湾華語を日本語に直してください。

1.這樣九十五元。
　ㄓㄜˋ ㄧㄤˋ ㄐㄧㄡˇ ㄕˊ ㄨˇ ㄩㄢˊ
　_____

2.要玩嗎？
　ㄧㄠˋ ㄨㄢˊ ㄇㄚ˙
　_____

3.旁邊稍等。
　ㄆㄤˊ ㄅㄧㄢ ㄕㄠ ㄉㄥˇ
　_____

4.裡面吃。
　ㄌㄧˇ ㄇㄧㄢˋ ㄔ
　_____

5.自己端喔！
　ㄗˋ ㄐㄧˇ ㄉㄨㄢ ㄛ˙
　_____

南部地區

東部地區

［解答例］

❶ 1.一百元　2.甜　3.鳳梨　4.有
　　5.支

❷ 1.これで95元です。
　　2.やりますか？
　　3.隣で少々お待ちください。
　　4.中で食べます。
　　5.自分で持ってってよ。

07 苗栗

苗栗

我到苗栗了！
在這裡可以聞得到油桐花的香味，
也能品嘗得到最道地的客家菜。

苗栗に到着！
ここでは、アブラギリの花の香りがしますし、
最も本格的な客家料理も味わえます。

*雪のように白い「油桐花」（アブラギリの花）は、客家人・客家民族を代表する花だと言われます。なぜかというと、昔、客家民族の経済活動は山林と密接につながっていました。日本統治時代、海外から台湾に大量にアブラギリの苗木を持ち込み、その木の種から油を搾り出したり、その木でマッチや下駄を作ったりしたので、それが客家人にとって重要な収入源になったそうです。

会 話

● 「三義木雕老街」（三義における木彫りの盛んな街）で消臭・除湿に役立ちそうなウッドチップを見つけます。　◀)) 33

店員　：七包一百，都可以搭配。
　　　　ㄑㄧ　ㄅㄠ　ㄧ　ㄅㄞ　ㄉㄡ　ㄎㄜˇ　ㄧˇ　ㄉㄚ　ㄆㄟ

旅行者：它可以放多久？
　　　　ㄊㄚ　ㄎㄜˇ　ㄧˇ　ㄈㄤˋ　ㄉㄨㄛ　ㄐㄧㄡˇ

店員　：基本上可以放半年。
　　　　ㄐㄧ　ㄅㄣˇ　ㄕㄤˋ　ㄎㄜˇ　ㄧˇ　ㄈㄤˋ　ㄅㄢˋ　ㄋㄧㄢˊ

（いろいろ選んだあとに）

旅行者：老闆，我要這些。
　　　　ㄌㄠˇ　ㄅㄢˇ　　ㄨㄛˇ　ㄧㄠˋ　ㄓㄜˋ　ㄒㄧㄝ

◎ ピンイン

店員　：Qī bāo yì bǎi, dōu kě yǐ dā pèi.

旅行者：Tā kě yǐ fàng duō jiǔ?

店員　：Jī běn shàng kě yǐ fàng bàn nián.

旅行者：Lǎo bǎn, wǒ yào zhè xiē.

北部地區

中部地區

◐ 日本語訳

店員　：7パックで100（元）なので、ご自由に組み合わせてください。

旅行者：これの使用期間ってどのぐらいですか？

店員　：基本的に半年使っても大丈夫です。

旅行者：オーナー、これ（ら）にします。

南部地區

■ 単語・文法ポイント

東部地區

・包：包んだものや袋に入ったものの数を数える

・都：すべて、いずれも　　　　・可以：（～する条件・能力があって）～できる

・搭配：組み合わせる　　　　　・它：（人間以外の事物を指す3人称）それ、あれ

・放：置く、しまう　　　　　　・多久：どれくらいの時間

・基本上：基本的に　　　　　　・半年：半年

・老闆：オーナー　　　　　　　・這些：これら

注「三義木雕老街」（ ㄙㄢ ㄧˋ ㄇㄨˋ ㄉㄧㄠ ㄌㄠˇ ㄐㄧㄝ　sān yì mù diāo lǎo jiē ）
　店の前に飾られた看板にはいろんな木材の種類が書かれています。

〈他の木材〉

「檜木」ㄎㄨㄞˋ ㄇㄨˋ　kuài mù　➡ヒノキ

「樟木」ㄓㄤ ㄇㄨˋ　zhāng mù　➡クスノキ

「龍柏」ㄌㄨㄥˊ ㄅㄛˊ　lóng bó　➡カイヅカイブキ

「梢楠」ㄕㄠ ㄋㄢˊ　shāo nán　➡ショウナンボク

旅行者：這(個)要怎麼保養?

店員　：有灰塵用濕抹布擦就可以了。

🅰 ピンイン

旅行者：Zhè ge yào zěn me bǎo yǎng?
店員　：Yǒu huī chén yòng shī mǒ bù cā jiù kě yǐ le.

◑ 日本語訳

旅行者：これってどのように手入れしますか?
店員　：ほこりがついていれば、濡れた雑巾で拭くだけでいいです。

📖 単語・文法ポイント

・要：(要＋動詞)〜すべきである、〜しなければならない
・怎麼：どのように　　　　・保養：手入れする　　　・灰塵：ほこり
・用：使う　　　　　　　　・濕抹布：濡れた雑巾　　・擦：拭く
・就可以了：〜でよい

● パン屋でお土産選び　　　🔊 35

旅行者：這(個)吃起來是什麼味道?

店員　：鹹甜鹹甜的。

(おみやげ一覧のようなチラシを見かけました)

旅行者：這張DM我可以拿嗎?

店員　：可以啊！當然可以啊！
　　　　　ㄎ　ㄧ　ㄚ　　　ㄉ　ㄖ　ㄎ　ㄧ　ㄚ
　　　　　ㄜˇ　ˇ　　　　　ㄤ　ㄢˊ　ㄜˇ　ˇ

● ピンイン

旅行者：Zhè ge chī qǐ lái shì shén me wèi dào?
店員　：Xián tián xián tián de.
旅行者：Zhè zhāng DM wǒ kě yǐ ná ma?
店員　：Kě yǐ a! Dāng rán kě yǐ a!

● 日本語訳

旅行者　：これを食べたら、どんな味がしますか？
屋台の人：甘辛い味です。

旅行者　：このチラシはもらってもいいですか？
屋台の人：いいですよ！　もちろん、いいですよ！

■ 単語・文法ポイント

・起來：(動詞＋起來)～してみると、～したところ
・什麼：どんな、どういう、何の　　　　・味道：味
・鹹甜鹹甜的：甘辛いの(味)
・張：(平らなものを数える)枚　　　　　・DM：チラシ
・可以：～してもいい、よい　　　　　　・拿：持って行く
・啊：(はっきりした気持ちを表す)～よ　・當然：もちろん

注 鹹甜鹹甜＝鹹鹹甜甜

〈地元の特産品〉

「芝麻蛋黃餅」 ㄓ ㄇㄚˊ ㄉㄢˋ ㄏㄨㄤˊ ㄅㄥˇ　zhī má dàn huáng bǐng ➡ごま卵黄パイ
「桐花餅」 ㄊㄨㄥˊ ㄏㄨㄚ ㄅㄥˇ　tóng huā bǐng ➡アブラギリ花パイ
「木彫餅」 ㄇㄨˋ ㄉㄧㄠ ㄅㄥˇ　mù diāo bǐng ➡木彫りをモチーフにしたパイ
「紫蘇餅」 ㄗˇ ㄙㄨ ㄅㄥˇ　zǐ sū bǐng ➡シソパイ
「肚臍餅」 ㄉㄨˋ ㄑㄧˊ ㄅㄥˇ　dù qí bǐng ➡緑豆で作られた焼き饅頭

🔊 36

Wǒ dǎ suàn qù

我打算去＿＿＿＿＿＿＿＿＿。　　私は＿＿＿＿＿＿＿しに行くつもりです。
ㄨㄛˇ ㄉㄚˇ ㄙㄨㄢˋ ㄑㄩˋ

注 打算：(打算＋動詞)〜するつもりである、予定である。

前に見た「想」(〜したい)とどちらも動詞の前に置き、意味も似ています。厳密に

言うと、以下のような違いがあります。

「打算」：何かをしようという考えがあることを表します。

「想」：心づもりや希望を表します。

● **苗栗で体験できること(動詞＋目的語)**

吃客家菜　　　ㄔ ㄎㄜˋ ㄐㄧㄚ ㄘㄞˋ　　chī kè jiā cài
　➡客家料理を食べる

參觀客家圓樓　ㄘㄢ ㄍㄨㄢ ㄎㄜˋ ㄐㄧㄚ ㄩㄢˊ ㄌㄡˊ　cān guān kè jiā yuán lóu
　➡客家圓樓を見学する

騎自行車・騎腳踏車　ㄑㄧˊ ㄗˋ ㄒㄧㄥˊ ㄔㄜ・ㄑㄧˊ ㄐㄧㄠˇ ㄊㄚˋ ㄔㄜ　qí zì xíng chē・qí jiǎo tà chē
　➡自転車に乗る

看油桐花　　　ㄎㄢˋ ㄧㄡˊ ㄊㄨㄥˊ ㄏㄨㄚ　kàn yóu tóng huā
　➡アブラギリを見る

逛古蹟　　　　ㄍㄨㄤˋ ㄍㄨˇ ㄐㄧ　guàng gǔ jī
　➡古跡巡り

採草莓　　　　ㄘㄞˇ ㄘㄠˇ ㄇㄟˊ　cǎi cǎo méi
　➡いちご狩り

泡溫泉・洗溫泉　ㄆㄠˋ ㄨㄣ ㄑㄩㄢˊ・ㄒㄧˇ ㄨㄣ ㄑㄩㄢˊ　pào wēn quán・xǐ wēn quán
　➡温泉に入る

買木雕　　　　ㄇㄞˇ ㄇㄨˋ ㄉㄧㄠ　mǎi mù diāo
　➡木彫りを買う

坐天鵝船／划天鵝船　ㄗㄨㄛˋ ㄊㄧㄢ ㄜˊ ㄔㄨㄢˊ／ㄏㄨㄚˊ ㄊㄧㄢ ㄜˊ ㄔㄨㄢˊ　zuò tiān é chuán/huá tiān é chuán
　➡スワンボートに乗る／スワンボートを漕ぐ

練習問題

🔊 37

■ 音声を聞きながら台湾華語を入れてください。

1. (　　　　　) (　　　　　) ㄉㄚ ㄆㄟ　組み合わせる
2. (　　　　　) (　　　　　) ㄏㄨㄟ ㄔㄣ　ほこり
3. (　　　　　) (　　　　　) ㄨㄟ ㄉㄠ　味
4. (　　　　　) ㄔ　食べる
5. (　　　　　) (　　　　　) ㄇㄛ ㄅㄨ　雑巾

■ 以下の台湾華語を日本語に直してください。

1. 它可以放多久？
ㄊㄚ ㄎㄜ ㄧ ㄈㄤ ㄉㄨㄛ ㄐㄧㄡ
_____

2. 這（個）要怎麼保養？
ㄓㄜ ㄍㄜ ㄧㄠ ㄗㄣ ㄇㄜ ㄅㄠ ㄧㄤ
_____

3. 當然可以啊！
ㄉㄤ ㄖㄢ ㄎㄜ ㄧ ㄚ
_____

4. 我要這些。
ㄨㄛ ㄧㄠ ㄓㄜ ㄒㄧㄝ
_____

5. 這張DM我可以拿嗎？
ㄓㄜ ㄓㄤ ㄨㄛ ㄎㄜ ㄧ ㄋㄚ ㄇㄚ
_____

北部地區

中部地區

南部地區

東部地區

［解答例］

■ 1. 搭配　2. 灰塵　3. 味道　4. 吃
5. 抹布

■ 1. これの使用期間はどのぐらいですか？
2. これはどのように手入れをしますか？
3. もちろん大丈夫ですよ。
4. これ（ら）にします。
5. このチラシはもらってもいいですか？

08 台中

台中

我到台中了！
漫步在台中寬廣的街道上，
心胸也開闊了起來。

台中に到着！
ゆったりと台中の広々とした道を歩いたら、
気持ちも開放的になってきました。

*台鉄の台中駅の構内には、無料のWIFIとコンセントが提供される休憩エリアがあります。本を読んでいる人もいるし、休んでいる人もいるし、携帯の充電をしている人もいます。

会 話

● 伝統的な市場での食事　　　　　　　　　🔊 38

店員　：點餐嗎？
　　　　ㄉㄧㄢˇ　ㄘㄢ　˙ㄇㄚ

旅行者：對。
　　　　ㄉㄨㄟˋ

店員　：內用嗎？
　　　　ㄋㄟˋ　ㄩㄥˋ　˙ㄇㄚ

旅行者：對。
　　　　ㄉㄨㄟˋ

店員　：幫我畫一下單子喔！
　　　　ㄅㄤ　ㄨㄛˇ　ㄏㄨㄚˋ　ㄧ　ㄒㄧㄚˋ　ㄉㄢ　˙ㄗ　ㄛ

旅行者：好。
　　　　ㄏㄠˇ

54

⚲ ピンイン

店員　：Diǎn cān ma?

旅行者：Duì.

店員　：Nèi yòng ma?

旅行者：Duì.

店員　：Bāng wǒ huà yí xià dān zi ō.

旅行者：Hǎo.

◐ 日本語訳

店員　：ご注文ですか？

旅行者：はい。

店員　：店内でお召し上がりですか？

旅行者：はい。

店員　：紙に書いてくださいね。

旅行者：はい。

📖 単語・文法ポイント

- ・點餐：注文する
- ・對：正しい、合っている
- ・內用：店内で食べる
- ・幫：助ける、手伝う
- ・畫：(印・マークとなる文字を)書く
- ・一下：(動詞＋一下)ちょっと〜、〜してみる
- ・單子：用紙
- ・喔：(提案・注意の意)〜よ

〈メニューのゆで野菜〉

「燙青菜」	ㄊㄤˋ ㄑㄧㄥ ㄘㄞˋ	tàng qīng cài	➡ゆで野菜
「地瓜葉」	ㄉㄧˋ ㄍㄨㄚ ㄧㄝˋ	dì guā yè	➡サツマイモの葉
「空心菜」	ㄎㄨㄥ ㄒㄧㄣ ㄘㄞˋ	kōng xīn cài	➡日本では、空芯菜という表記もあり
「A菜」	A ㄘㄞˋ	A cài	➡台湾の品種のレタス
「大陸妹」	ㄉㄚˋ ㄌㄨˋ ㄇㄟˋ	dà lù mèi	➡中国本土の品種のレタス
「菠菜」	ㄅㄛ ㄘㄞˋ	bō cài	➡ほうれん草

55

旅行者　　：你週末都去哪裡玩？

現地の人：像一中街或逢甲夜市。

旅行者　　：為什麼？

現地の人：吃東西比較便宜。

旅行者　　：了解。

注 哪裡＝哪（会話時の省略表現）

Ｑ ピンイン

旅行者　　：Nǐ zhōu mò dōu qù nǎ lǐ wán?

現地の人：Xiàng yì zhōng jiē huò féng jiǎ yè shì.

旅行者　　：Wèi shén me?

現地の人：Chī dōng xī bǐ jiào pián yí.

旅行者　　：Liǎo jiě.

🔊 日本語訳

旅行者　　：週末はどこへ遊びに行きますか？

現地の人：たとえば、「一中街」あるいは「逢甲夜市」とかです。

旅行者　　：なぜですか？

現地の人：食事が比較的安いです。

旅行者　　：了解しました。

📖 単語・文法ポイント

- 週末：週末
- 哪裡：どこ
- 玩：遊ぶ
- 一中街：(町の名前)一中街
- 逢甲夜市：逢甲ナイトマーケット
- 吃東西：ものを食べる
- 便宜：安い

- 都：すべて、いずれも
- 像：たとえば～など
- 或：あるいは
- 為什麼：なぜ
- 比較：比較的
- 了解：了解、分かる

コラム

・台中の食文化

　台中の名産物といえば、食べ物は「太陽餅」(サクサクの皮に麦芽糖を包んだ焼き菓子)、「芋頭酥」(タロイモパイ)、「鹹蛋糕」(塩味ケーキ)などで、飲み物は「葡萄酒」(ワイン)、「珍珠奶茶」(タピオカミルクティー)、「高山茶」などです。

　現地の人が言うには、朝ごはんには、「豬血湯」(豚の血を固めた豆腐入りスープ)に「炒麺」(焼きそば)というセットもありますよとのこと。なお、地元の人がよく行く夜市は台湾政府の観光用のホームページに書かれていない、「旱溪夜市」というナイトマーケットだそうです。

☑ 補充単語

🔊 40

Wǒ men　　　　　　　jìan
我們 ＿＿＿＿＿＿＿＿ 見！　私たちは ＿＿＿＿＿ で会いましょう！
ㄨㄛˇ ㄇㄣ˙　　　　　　ㄐㄧㄢˋ

逢甲夜市・逢甲商圈　féng jiǎ yè shì・féng jiǎ shāng quān
ㄈㄥˊ ㄐㄧㄚˇ ㄧㄝˋ ㄕˋ　ㄈㄥˊ ㄐㄧㄚˇ ㄕㄤ ㄑㄩㄢ
➡逢甲ナイトマーケット・逢甲ショッピングエリア

一中街夜市・一中商圈　yì zhōng jiē yè shì・yì zhōng shāng quān
ㄧ˙ ㄓㄨㄥ ㄐㄧㄝ ㄧㄝˋ ㄕˋ　ㄧ˙ ㄓㄨㄥ ㄕㄤ ㄑㄩㄢ
➡一中街ナイトマーケット・一中ショッピングエリア

旱溪夜市　hàn xī yè shì
ㄏㄢˋ ㄒㄧ ㄧㄝˋ ㄕˋ
➡旱溪ナイトマーケット

高美濕地　gāo měi shī dì
ㄍㄠ ㄇㄟˇ ㄕ ㄉㄧˋ
➡「台湾のウユニ塩湖」とも呼ばれる絶景スポット

東海大學　dōng hǎi dà xué
ㄉㄨㄥ ㄏㄞˇ ㄉㄚˋ ㄒㄩㄝˊ
➡東海大学

大甲鎮瀾宮　dà jiǎ zhèn lán gōng
ㄉㄚˋ ㄐㄧㄚˇ ㄓㄣˋ ㄌㄢˊ ㄍㄨㄥ
➡台湾で最も知られた媽祖廟

臺中市第二市場　tái zhōng shì dì èr shì chǎng
ㄊㄞˊ ㄓㄨㄥ ㄕˋ ㄉㄧˋ ㄦˋ ㄕˋ ㄔㄤˇ
➡台中市第二市場

注 台中市第一市場は現在、東南アジアの商品を販売している店舗が多い「東協廣場」
（東協広場）に変わりました。

眷村　juàn cūn
ㄐㄩㄢˋ ㄘㄨㄣ
➡1949年、中国本土から国民政府に付き従って台湾
にやってきた人、すなわち「外省人」が居住した村

國家歌劇院　guó jiā gē jù yuàn
ㄍㄨㄛˊ ㄐㄧㄚ ㄍㄜ ㄐㄩˋ ㄩㄢˋ
➡国家劇院

✏ 練習問題

🔊)) 41

❶ 音声を聞きながら台湾華語を入れてください。

1.(　　　　)(　　　　) ㄉㄢ ㄗˇ　用紙
2.(　　　　) ㄏㄨㄚˋ　書く
3.(　　　　)(　　　　) ㄉㄨㄥ ㄒㄧ　もの
4.(　　　　)(　　　　) ㄆㄧㄢˊ ㄧˊ　安い
5.(　　　　) ㄏㄨㄛˋ　あるいは

❷ 以下の台湾華語を日本語に直してください。

1. 點餐嗎？
ㄉㄧㄢˇ ㄘㄢ ㄇㄚ˙
_____

2. 了解。
ㄌㄧㄠˇ ㄐㄧㄝˇ
_____

3. 你週末都去哪裡玩？
ㄋㄧˇ ㄓㄡ ㄇㄛˋ ㄉㄡ ㄑㄩˋ ㄋㄚˇ ㄌㄧˇ ㄨㄢˊ
_____

4. 內用嗎？
ㄋㄟˋ ㄩㄥˋ ㄇㄚ˙
_____

5. 為什麼？
ㄨㄟˋ ㄕㄣˊ ㄇㄜ˙
_____

［解答例］
❶ 1.單子　2.畫　3.東西　4.便宜
　5.或

❷ 1.注文されますか？
　2.了解しました。
　3.週末どこへ遊びに行きますか？
　4.店内でお召し上がりですか？
　5.なぜですか？

 彰化

彰化

我到彰化了！
不管走到鹿港也好，八卦山也好，
當地人的生活，都是我的風景。

彰化に到着！
鹿港まで行ってもよし、八卦山もよし、
地元の人の生活はみな私の風景です。

＊「一府二鹿三艋舺」（府：台湾府城が置かれた台南、鹿：彰化の鹿港、艋舺：現在台北の萬華）という台
　湾で栄えた三大都市を表す諺があります。

会　話

● ホテルのフロントでタクシーを呼んでもらいました。　　　　　◀))) 42

旅行者　　　　：不好意思，(你)可以幫我叫車嗎？
　　　　　　　　　ㄅㄨˋ ㄏㄠˇ ㄧˋ ㄙ　　ㄋㄧˇ ㄎㄜˇ ㄧˇ ㄅㄤ ㄨㄛˇ ㄐㄧㄠˋ ㄔㄜ ㄇㄚ˙

フロントの人：您現在要嗎？ 一台車？
　　　　　　　　　ㄋㄧㄣˊ ㄒㄧㄢˋ ㄗㄞˋ ㄧㄠˋ ㄇㄚ˙　ㄧˋ ㄊㄞˊ ㄔㄜ

旅行者　　　　：對，一台就好(了)。
　　　　　　　　　ㄉㄨㄟˋ　ㄧˋ ㄊㄞˊ ㄐㄧㄡˋ ㄏㄠˇ ㄌㄜ˙

フロントの人：大概十分鐘後會到，
　　　　　　　　　ㄉㄚˋ ㄍㄞˋ ㄕˊ ㄈㄣ ㄓㄨㄥ ㄏㄡˋ ㄏㄨㄟˋ ㄉㄠˋ

　　　　　　　　(您)稍坐一下。
　　　　　　　　　ㄋㄧㄣˊ ㄕㄠ ㄗㄨㄛˋ ㄧˊ ㄒㄧㄚˋ

旅行者　　　　：謝謝。
　　　　　　　　　ㄒㄧㄝˋ ㄒㄧㄝˋ

ⓠ ピンイン

旅行者	：Bù hǎo yì si, nǐ kě yǐ bāng wǒ jiào chē ma?
フロントの人	：Nín xiàn zài yào ma? Yì tái chē?
旅行者	：Duì, yì tái jiù hǎo le.
フロントの人	：Dà gài shí fēn zhōng hòu huì dào,
	nín shāo zuò yí xià.
旅行者	：Xiè xie.

◑ 日本語訳

旅行者	：すみませんが、タクシーを呼んでもらえませんか？
フロントの人	：今のご利用ですか？　一台ですか？
旅行者	：はい、一台でいいです。
フロントの人	：たぶん10分後に到着します。
	少々おかけください。
旅行者	：ありがとうございます。

🕮 単語・文法ポイント

- 不好意思：すみません
- 可以：～してもよい
- 幫：助ける、手伝う
- 叫車：車(タクシー)を呼ぶ
- 現在：今、現在
- 要：ほしい、要る
- 台：台
- 就好(了)：～でよい
- 大概：たぶん
- 分鐘：分
- 後：後
- 會：はずである、～であろう
- 到：到着する
- 稍坐一下：少々おかけください

注 可以：「(～することが許されて)～してもよい」という意味から、「你可以～嗎」は「～していただいていいですか」という依頼表現としてもよく使われます。

　台北、新北のような大都市では、道端でタクシーを停めやすいですが、彰化・花蓮などでは、駅のタクシー乗り場以外、道端でタクシーをひろうのは難しく、電話で呼ぶのが普通だそうです。

● ホテルに戻ろうと思ったときに、運転手からもらった名刺でタクシーを呼んでみました。🔊 43

旅行者：喂，你好，我要叫車。

運転手：哪裡？

旅行者：我在精誠夜市對面的便利商店。

運転手：你在門口等。車牌(是)８６２７。

旅行者：好，謝謝，拜拜。byebye

（しばらくてして指定されたタクシーに乗りました）

旅行者：你好，我(要)到彰化飯店。

運転手：好。

注 拜拜：「掰掰」と書く人もいます。

❖ ピンイン

旅行者：Wéi, nǐ hǎo, wǒ yào jiào chē.
運転手：Nǎ lǐ?
旅行者：Wǒ zài jīng chéng yè shì duì miàn de biàn lì shāng diàn.
運転手：Nǐ zài mén kǒu děng. Chē pái shì bā liù èr qī.
旅行者：Hǎo, xiè xie, byebye.
（しばらくてして指定されたタクシーに乗りました）
旅行者：Nǐ hǎo, wǒ yào dào zhāng huà fàn diàn.
運転手：Hǎo.

🔊 日本語訳

旅行者：もしもし、こんにちは。車をお願いしたいのですが。

運転手：どこですか？

旅行者：精誠ナイトマーケットの向かい側のコンビニにいます。

運転手：入口で待っていてください。車のプレートナンバーは8627です。

旅行者：わかりました。ありがとうございます。失礼します。

（しばらくてして指定されたタクシーに乗りました）

旅行者：こんにちは。彰化ホテルまでお願いします。

運転手：はい。

📖 単語・文法ポイント

- 喂：もしもし
- 要：(要＋動詞)〜したい、〜するつもりである
- 叫車：車(タクシー)を呼ぶ
- 哪裡：どこ
- 精誠夜市：精誠ナイトマーケット
- 對面：向かい側
- 便利商店：コンビニエンスストア
- 門口：入口
- 等：待つ
- 車牌：車のプレート
- 拜拜：バイバイ
- 到：着く
- 彰化：(地名)彰化
- 飯店：ホテル

コラム

・彰化が栄えたワケ？

　彰化は台鉄西部幹線の海線と山線の分岐・合流地点なので、古くから鉄道の要衝として栄えた街です。

🔊)) 44

Zhè lǐ　　　　　　　　hěn yǒu míng

這裡＿＿＿＿＿＿　很有名。　ここは＿＿＿＿＿が有名です。
ㄓ ㄌ　　　　　　　　ㄏ ㄧ ㄇ
ㄜˋ ㄧˇ　　　　　　　ㄣˇ ㄡˇ ㄥˊ

● おみやげ

牛舌餅	ㄋㄧㄡˊ ㄕㄜˊ ㄅㄧㄥˇ	niú shé bǐng	➡牛の舌の形をしているクッキー
蛋黃酥	ㄉㄢˋ ㄏㄨㄤˊ ㄙㄨ	dàn huáng sū	➡塩漬け卵黄饅頭
桂圓蛋糕	ㄍㄨㄟˋ ㄩㄢˊ ㄉㄢˋ ㄍㄠ	guì yuán dàn gāo	➡ロンガンケーキ

● 「彰化三寶」（彰化の宝物のような３大グルメ）

① 肉圓　　　　　　　台湾語発音「バーワン」

➡肉あん入り揚げボール

② 炕肉飯・爌肉飯・　ㄎㄨㄥˋ ㄖㄡˋ ㄈㄢˋ　　　kòng ròu fàn

　 焢肉飯・控肉飯

➡豚の角煮（バラ肉）をのせたご飯

㊟台湾語辞書には「炕肉飯」という言葉しかありませんので、「爌」「焢」「控」
　 といった表記は庶民の通俗的な表記といえるでしょう。

③ 貓鼠麵　　　　　　ㄇㄠ ㄕㄨˇ ㄇㄧㄢˋ　　　māo shǔ miàn

➡油で揚げた角切りの豚肉・はまぐりスープ・ネギ・ニンニクを煮込んだ麺料理

㊟その由来についてですが、店のオーナーは仕事ぶりがてきぱきしているので、
　 「ネズミ」というあだなをお客につけられました。台湾語の当て字では「ネズ
　 ミ」を「貓鼠」と書きます。ちなみに、台湾華語では、「貓」は「ネコ」の
　 意味で、「鼠」は「ネズミ」の意味です。

> **コラム**
>
> **・礼儀に注意！**
> 　町で「○○禮儀社」（礼儀社）の看板を見かけました。じつは、それは日本の「葬
> 儀社」の意味です。でも、台湾華語には「葬儀社」という表現もありますよ。

✏️ 練習問題

🔊 45

❶ 音声を聞きながら台湾華語を入れてください。

1. (　　　　)(　　　　)　　　　　ㄒㄧㄢ　ㄗㄞˋ　　　　　今
2. (　　　　)(　　　　)　　　　　ㄉㄚˋ　ㄍㄞˋ　　　　　たぶん
3. (　　　　)(　　　　)(　　　　)(　　　　)　ㄅㄧㄢˋ　ㄌㄧˋ　ㄕㄤ　ㄉㄧㄢˋ　コンビニエンスストア
4. (　　　　)(　　　　)　　　　　ㄉㄨㄟˋ　ㄇㄧㄢˋ　　　　　向かい側
5. (　　　　)(　　　　)　　　　　ㄇㄣˊ　ㄎㄡˇ　　　　　入口

❷ 以下の台湾華語を日本語に直してください。

1. 可以幫我叫車嗎？
   ㄎㄜˇ ㄧˇ ㄅㄤ ㄨㄛˇ ㄐㄧㄠˋ ㄔㄜ ㄇㄚ
   _____

2. 一台就好(了)。
   ㄧˋ ㄊㄞˊ ㄐㄧㄡˋ ㄏㄠˇ ㄌㄜ
   _____

3. 喂
   ㄨㄟˋ
   _____

4. 拜拜。
   bye-bye
   _____

5. 我(要)到彰化飯店。
   ㄨㄛˇ ㄧㄠˋ ㄉㄠˋ ㄓㄤ ㄏㄨㄚˋ ㄈㄢˋ ㄉㄧㄢˋ
   _____

[解答例]
❶ 1. 現在　2. 大概　3. 便利商店
　　4. 對面　5. 門口

❷ 1. タクシーを呼んでもらえませんか？
　　2. 一台でいいです。
　　3. もしもし
　　4. バイバイ。
　　5. 彰化飯店までお願いします。

北部地區

中部地區

南部地區

東部地區

⑩ 南投

南投

我到南投了！

南投位在台灣的中央，是唯一不臨海的地方，

日月潭的美景則是享譽國際。

南投に到着！

南投は台湾本島の中央に位置し、唯一、海に面していないところです。

日月潭の美しい景色は国際的にとても有名です。

＊湖の東側は「日（太陽）」、西側は「月（三日月）」の形に見えることから、「日月潭」と名付けられました。

每年、開催される「日月潭」を横断する水泳大会が有名です。

🗨 会 話

●新幹線＋バス＋船というお得なチケットで日月潭の遊覧船に乗船します。　　🔊)) 46

案内係：幾位？
　　　　 ㄐㄧˇ ㄨㄟˋ

旅行者：一位。
　　　　 ㄧˊ ㄨㄟˋ

案内係：現在有船班。
　　　　 ㄒㄧㄢˋ ㄗㄞˋ ㄧㄡˇ ㄔㄨㄢˊ ㄅㄢ

旅行者：好，我要搭。
　　　　 ㄏㄠˇ 　 ㄨㄛˇ ㄧㄠˋ ㄉㄚ

案内係：蓋印章！
　　　　 ㄍㄞˋ ㄧㄣˋ ㄓㄤ

（旅行者は手にハンコを押してもらう）

案内係：二號碼頭！下樓梯左轉。
　　　　 ㄦˋ ㄏㄠˋ ㄇㄚˇ ㄊㄡˊ 　 ㄒㄧㄚˋ ㄌㄡˊ ㄊㄧ ㄗㄨㄛˇ ㄓㄨㄢˇ

Q ピンイン

案内係：Jǐ wèi?

旅行者：Yí wèi.

案内係：Xiàn zài yǒu chuán bān.

旅行者：Hǎo, wǒ yào dā.

案内係：Gài yìn zhāng!

案内係：Èr hào mǎ tóu! Xià lóu tī zuǒ zhuǎn.

◑ 日本語訳

案内係：何名ですか？

旅行者：一人です。

案内係：現在、出る便があります。

旅行者：わかりました。乗ります。

案内係：ハンコを押します。

案内係：2番埠頭です！　階段を降りたら左へ。

📖 単語・文法ポイント

・幾位：何名様　　　　　・船班：船の便

・要：(要＋動詞)〜したい、〜するつもりである　　　・搭：乗る

・蓋：押す　　　　　　　・印章：ハンコ　　　　　　・號：番

・碼頭：埠頭　　　　　　・下：降りる　　　　　　　・樓梯：階段

・左轉：左に曲がる

注「日月潭」（ ㄖˋ ㄩㄝˋ ㄊㄢˊ rì yuè tán）

　乗船中に船のスタッフが解説してくれます。日月潭の遊覧船はそれぞれ特徴のある3つの大きな埠頭「水社」、「玄光寺」、「伊達邵」に停まります。

　水社は乗客が一番多く、玄光寺は「阿婆茶葉蛋」(おばあさんのお茶卵)が有名。伊達邵では先住民族サオ族(邵族)の料理が食べられます。

オーナー：要不要騎車啊？

旅行者　：我想先看一看。

オーナー：可以啊！有幾個人要騎？

旅行者　：一個人。

オーナー：你要騎什麼車？

旅行者　：最便宜的是哪一種？

オーナー：我們這個是一次兩百，不限時間。

旅行者　：要押證件嗎？

オーナー：要。

❹ ピンイン

オーナー：Yào bú yào qí chē a?

旅行者　：Wǒ xiǎng xiān kàn yí kàn.

オーナー：Kě yǐ a! Yǒu jǐ ge rén yào qí?

旅行者　：Yí ge rén.

オーナー：Nǐ yào qí shén me chē?

旅行者　：Zuì pián yí de shì nǎ yì zhǒng?

オーナー：Wǒ men zhè ge shì yí cì liǎng bǎi, bú xiàn shí jiān.

旅行者　：Yào yā zhèng jiàn ma?

オーナー：Yào.

⊙ 日本語訳

オーナー：自転車に乗りませんか？

旅行者　：ちょっと見させてください。

オーナー：いいですよ。何人乗りますか？

旅行者　：一人です。

オーナー：どういった自転車に乗りますか？

旅行者　：一番安いのはどのタイプですか？

オーナー：こちらは1回で200（元）で、制限時間はありません。

旅行者　：（借りる時に）証明書を預ける必要がありますか？

オーナー：必要です。

📖 単語・文法ポイント

・騎車：自転車に乗る

・啊：疑問の気持ちを示す、（はっきりした気持ちを表す）～よ

・想：（想＋動詞）～したいと思う、～しようと考える　　・先：先に

・看一看：見てみる　　・可以：いい　　・幾個人：何人

・一個人：一人　　・最：一番　　・便宜的：安いの（もの）

・哪一種：どのタイプ　　・次：回　　・不限：制限しない

・時間：時間　　・要：（要＋動詞）～しなければならない

・押：抵当に入れる　　・證件：（身分を証明する）証明書

注 要不要：肯定＋否定＝反復疑問文になる

　　看一看：動詞1＋一＋動詞1（動詞の重ね型）：ちょっと～する、ちょっと～してみる

　台湾で最も大きな湖である「日月潭」をレンタサイクルで一周する人が増えているそうです。

☑ 補充単語

hǎo wán ma

_____ 好玩嗎？ _____ が楽しいですか？
　　　　　　　　　　　ㄏ ㄨ ㄇ
　　　　　　　　　　　ㄠˇ ㄢˊ ˙ㄚ

● 観光スポット

日月潭纜車　　　ㄖˋ ㄩㄝˋ ㄊㄢˊ ㄌㄢˇ ㄔㄜ　　rì yuè tán lǎn chē
　→日月潭ロープウェイ

九族文化村　　　ㄐㄧㄡˇ ㄗㄨˊ ㄨㄣˊ ㄏㄨㄚˋ ㄘㄨㄣ　jiǔ zú wén huà cūn
　→原住民族文化のテーマパーク

集集線・集集火車站　ㄐㄧˊ ㄐㄧˊ ㄒㄧㄢˋ・ㄐㄧˊ ㄐㄧˊ ㄏㄨㄛˇ ㄔㄜ ㄓㄢˋ　jí jí xiàn •
　→集集支線・集集駅　　　　　　　　　　　　　　　　jí jí huǒ chē zhàn

集集老街　　　ㄐㄧˊ ㄐㄧˊ ㄌㄠˇ ㄐㄧㄝ　jí jí lǎo jiē
　→集集の古い町並み

車埕車站・車埕老街　ㄔㄜ ㄔㄥˊ ㄔㄜ ㄓㄢˋ・ㄔㄜ ㄔㄥˊ ㄌㄠˇ ㄐㄧㄝ　chē chéng chē zhàn •
　→車埕駅・車埕の古い町並み　　　　　　　　　　　　chē chéng lǎo jiē

埔里酒廠　　　ㄆㄨˇ ㄌㄧˇ ㄐㄧㄡˇ ㄔㄤˇ　pǔ lǐ jiǔ chǎng
　→埔里酒工場

清境農場　　　ㄑㄧㄥ ㄐㄧㄥˋ ㄋㄨㄥˊ ㄔㄤˇ　qīng jìng nóng chǎng
　→霧の中の桃源郷と呼ばれる農場

溪頭　　　　　ㄒㄧ ㄊㄡˊ　xī tóu
　→避暑地やハネムーンの地として人気

玉山國家公園　ㄩˋ ㄕㄢ ㄍㄨㄛˊ ㄐㄧㄚ ㄍㄨㄥ ㄩㄢˊ　yù shān guó jiā gōng yuán
　→玉山国家公園

㊟富士山の標高を越える台湾最高峰「玉山」は3,952メートルです。

コラム

　日月潭のレストランでは「總統魚」(本当は「曲腰魚」という名前)が有名です。なぜかというと、その魚は肉が柔らかくおいしいので、台湾の元総統である蒋介石がとても気に入ったことから「總統魚」と名付けられたとのことです。

✎ 練習問題

🔊 49

■音声を聞きながら台湾華語を入れてください。

1. (　　　　)(　　　　　)(　　　　) ㄎㄢˇ ㄧ ㄎㄢˇ　ちょっと見る
2. (　　　　)(　　　　) ㄧㄣˋ ㄓㄤ　ハンコ
3. (　　　　)(　　　　) ㄇㄚˇ ㄊㄡˊ　埠頭
4. (　　　　) ㄒㄧㄤˇ　〜したいと思う
5. (　　　　)(　　　　) ㄔㄨㄢˊ ㄅㄢ　船の便

■以下の台湾華語を日本語に直してください。

1. 幾位？
ㄐㄧˇ ㄨㄟˋ
_____

2. 下樓梯左轉。
ㄒㄧㄚˋ ㄌㄡˊ ㄊㄧ ㄗㄨㄛˇ ㄓㄨㄢˇ
_____

3. 蓋印章！
ㄍㄞˋ ㄧㄣˋ ㄓㄤ
_____

4. 要押證件嗎？
ㄧㄠˋ ㄧㄚ ㄓㄥˋ ㄐㄧㄢˋ ㄇㄚ˙
_____

5. 一次兩百。
ㄧˊ ㄘˋ ㄌㄧㄤˇ ㄅㄞˇ
_____

[解答例]
■ 1.看一看　2.印章　3.碼頭　4.想
　　5.船班

■ 1.何名ですか？
　2.階段を降りたら左に曲がってください。
　3.ハンコを押します。
　4.証明書を預ける必要がありますか？
　5.一回200(元)です。

(11) 雲林

雲林

我到雲林了！
這裡擁有全台灣最多廟宇。
「雲林」和彰化的「員林」，
這兩個地名念起來還真像。

雲林に到着！
台湾で一番お寺が多いところです。
「雲林」と彰化の「員林」ですが、
この二つの地名って、発音してみると、似ているなと思います。

注 台湾華語「和」はいろんな発音があるのですが、「…と…」の意を表すときは、hànと発音されることが多いです。

会 話

● 列車の中で車掌からの一言　　　　　　　　　　　　　　　◀)) 50

車掌　：各位旅客您好，

我們現在開始驗票，謝謝！

車掌　：不好意思，車票借看一下。

旅行者：這裡。

車掌　：（返しながら）拿好！

旅行者：謝謝。

❶ ピンイン

車掌　：Gè wèi lǚ kè nín hǎo,
　　　　wǒ men xiàn zài kāi shǐ yàn piào, xiè xie!

車掌　：Bù hǎo yì si, chē piào jiè kàn yí xià.
旅行者：Zhè lǐ.
車掌　：Ná hǎo!
旅行者：Xiè xie.

❷ 日本語訳

車掌　：乗客の皆さん、こんにちは。
　　　　今から切符の確認をさせていただきます。ありがとうございます。

車掌　：すみません、切符を拝見させてください。
旅行者：こちらです。
車掌　：（返しながら）ちゃんと持っていてください！
旅行者：ありがとうございます。

📖 単語・文法ポイント

・各位：各位、皆さん　　・旅客：乗客　　　　　・開始：始める
・驗票：検札する　　　　・不好意思：すみません　・車票：切符
・借看：見せる　　　　　・一下：(動詞＋一下)ちょっと〜、〜してみる
・這裡：ここ　　　　　　・拿好：しっかり持つ

コラム

・自転車も切符が必要？
　駅で時刻表を確認してみたところ、「兩鐵」という表示が気になりました。駅員が言うには、自転車を袋に入れて荷物として電車へ持って行くなら、別料金はかからないのですが、そのまま自転車を持って電車に乗る場合は、半額のチケットを買う必要があり、「兩鐵」を表示する電車に乗らないといけないそうです。

店員　：（注文用の紙を渡す）**你先吃，吃完再結。**

（料理が届く）

店員　：**你好，筷子這邊喔！**

旅行者：**這個會辣嗎？**

店員　：**不會，要辣自己加。**

🅰 ピンイン

店員　：Nǐ xiān chī, chī wán zài jié.

店員　：Nǐ hǎo, kuài zi zhè biān ō!

旅行者：Zhè ge huì là ma?

店員　：Bú huì, yào là zì jǐ jiā.

◉ 日本語訳

店員　：先に食べて、食べ終わったら会計になります。

店員　：こんにちは。箸はここですよ。

旅行者：これは辛いですか？

店員　：いいえ、辛くしたいなら、自分で(辛いソースを)入れてください。

📖 単語・文法ポイント

吃完：食べ終わる	再：また	結：「結帳」(勘定する)の略
筷子：箸	喔：(提案・注意の意)〜よ	
會：(會＋形容詞)マイナスな気持ちを表すときもある		辣：辛い、辛味
不會：「會」の否定	自己：自分で	加：出す

注「魷魚嘴」（ ㄧㄡˊ ㄩˊ ㄗㄨˇ　yóu yú zuǐ）

會：もともと動詞の前につけ、「～できる」「はずである、～であろう」といった意味
　　ですが、台湾語の影響をうけて、台湾では形容詞の前につけることも可能です。

● 雲林で一番大きい斗六駅でコインロッカーを探しました。　　🔊)) 52

旅行者：這裡有置物櫃嗎？
　　　　ㄓㄜˋ ㄌㄧˇ ㄧㄡˇ ㄓˋ ㄨˋ ㄍㄨㄟˋ ㄇㄚˊ

駅員　：在樓下，坐電梯下去就會看到。
　　　　ㄗㄞˋ ㄌㄡˊ ㄒㄧㄚˋ ㄗㄨㄛˋ ㄉㄧㄢˋ ㄊㄧ ㄒㄧㄚˋ ㄑㄩˋ ㄐㄧㄡˋ ㄏㄨㄟˋ ㄎㄢˋ ㄉㄠˋ

🅰 ピンイン

旅行者：Zhè lǐ yǒu zhì wù guì ma?
駅員　：Zài lóu xià, zuò diàn tī xià qù jiù huì kàn dào.

❶ 日本語訳

旅行者：ここはコインロッカーとかありますか？
駅員　：下の階にあります。エレベーターで降りたら見えます。

📕 単語・文法ポイント

・置物櫃：コインロッカー　　・樓下：下の階　　・坐電梯：エレベーターに乗る
・下去：降りていく　　　　　・會：はずである、～であろう
・就：すぐに、間もなく　　　・看到：目に入る、目が届く

注「斗六」（ ㄉㄡˇ ㄌㄧㄡˋ　dǒu liù）

🔊 53

Zhè ge   zěn me zǒu

這個＿＿＿＿＿怎麼走?　　この＿＿＿＿＿にどう行けばいいですか？
ㄓ ㄍ ㄜ　　　　　　ㄗ ㄣ ㄇ ㄜ ㄗ ㄡ

注 地図を指しながら場所を尋ねる時に使う。

● **場所**

牧場	ㄇㄨ ㄔㄤ	mù chǎng	➡牧場
農場	ㄋㄨㄥ ㄔㄤ	nóng chǎng	➡農場
海水浴場	ㄏㄞ ㄕㄨㄟ ㄩ ㄔㄤ	hǎi shuǐ yù chǎng	➡海水浴場
公園	ㄍㄨㄥ ㄩㄢ	gōng yuán	➡公園
茶園	ㄔㄚ ㄩㄢ	chá yuán	➡茶園
園區	ㄩㄢ ㄑㄩ	yuán qū	➡園区
圖書館	ㄊㄨ ㄕㄨ ㄍㄨㄢ	tú shū guǎn	➡図書館
糖廠	ㄊㄤ ㄔㄤ	táng chǎng	➡製糖工場
教堂	ㄐㄧㄠ ㄊㄤ	jiào táng	➡教会
湖	ㄏㄨ	hú	➡湖
寺廟	ㄙ ㄇㄧㄠ	sì miào	➡寺院、寺や廟
步道	ㄅㄨ ㄉㄠ	bù dào	➡(ハイキングなど)歩道
美術館	ㄇㄟ ㄕㄨ ㄍㄨㄢ	měi shù guǎn	➡美術館
花市	ㄏㄨㄚ ㄕ	huā shì	➡花市場

> **コラム**
>
> ・**皇民化教育とは？**
>
> 　ある台湾の年配の方から日本統治時代について話を聞きました。1940年から進めていた「皇民化運動」(皇民化教育)では、台湾人に「〜雄」、「〜郎」のような日本風の名前を付けさせていました。この年配の方は家では本名で呼ばれ、学校では別の名前で呼ばれていたそうです。

✏ 練習問題

🔊)) 54

❶ 音声を聞きながら台湾華語を入れてください。

1. (　　　　　)(　　　　　)　　ㄎㄞ ㄕˇ　　始める

2. (　　　　　)(　　　　　)　　ㄎㄨㄞˋ ㄗˇ　　箸

3. (　　　　)(　　　)(　　　)　ㄓˋ ㄨˋ ㄍㄨˋ　　コインロッカー

4. (　　　　　)(　　　　　)　　ㄉㄧㄢˋ ㄊㄧ　　エレベーター

5. (　　　　　)(　　　　　)　　ㄎㄢˋ ㄉㄠˋ　　目に入る

❷ 以下の台湾華語を日本語に直してください。

1. 車票借看一下。
   ㄔㄜ ㄆㄧㄠˋ ㄐㄧㄝˋ ㄎㄢˋ ㄧˊ ㄒㄧㄚˋ

   _____

2. 拿好！
   ㄋㄚˊ ㄏㄠˇ

   _____

3. 這個會辣嗎？
   ㄓˋ ㄍㄜˋ ㄏㄨㄟˋ ㄌㄚˋ ㄇㄚ

   _____

4. 在樓下。
   ㄗㄞˋ ㄌㄡˊ ㄒㄧㄚˋ

   _____

5. 你先吃。
   ㄋㄧˇ ㄒㄧㄢ ㄔ

   _____

［解答例］

❶ 1. 開始　2. 筷子　3. 置物櫃　4. 電梯
　　5. 看到

❷ 1. 切符を見せてください。
　　2. しっかり持ってて！
　　3. これは辛いですか？
　　4. 下の階にあります。
　　5. 先に食べてください。

⑫ 嘉義

嘉義

我到嘉義了！
你知道阿里山的五大奇景嗎？
答案是日出、雲海、鐵路、森林和晚霞。

嘉義に到着！
阿里山の五大絶景を知っていますか？
正解は、日出や雲海、鉄道、森林、夕焼けのことです。

＊嘉義といえば、「阿里山」（森林鉄道で絶景を楽しめる山）や「文化夜市」（ローカルなナイトマーケット）、
「蘭潭」（水面に映る美しい月が見える湖）、「嘉義市立棒球場」（嘉義市立野球場）などを思い出します。

会 話

● 「火雞肉飯」（七面鳥肉ライス）を食べに行きました。　🔊)) 55

店員　：要什麼直接點。
　　　　ㄧㄠˋ ㄕㄣˊ ㄇㄜ˙ ㄓˊ ㄐㄧㄝ ㄉㄧㄢˇ

旅行者：我要火雞肉飯。
　　　　ㄨㄛˇ ㄧㄠˋ ㄏㄨㄛˇ ㄐㄧ ㄖㄡˋ ㄈㄢˋ

店員　：小的？ 大的？ 還是要便當？
　　　　ㄒㄧㄠˇ ㄉㄜ˙ ㄉㄚˋ ㄉㄜ˙ ㄏㄞˊ ㄕˋ ㄧㄠˋ ㄅㄧㄢˋ ㄉㄤ

旅行者：小的，再一顆滷蛋。
　　　　ㄒㄧㄠˇ ㄉㄜ˙ ㄗㄞˋ ㄧ ㄎㄜ ㄌㄨˇ ㄉㄢˋ

店員　：好。
　　　　ㄏㄠˇ

旅行者：這邊買單嗎？
　　　　ㄓㄜˋ ㄅㄧㄢ ㄇㄞˇ ㄉㄢ ㄇㄚ˙

店員　：對。
　　　　ㄉㄨㄟˋ

🅠 ピンイン

店員　：Yào shén me zhí jiē diǎn.
旅行者：Wǒ yào huǒ jī ròu fàn.
店員　：Xiǎo de? Dà de? Hái shì yào biàn dāng?
旅行者：Xiǎo de, zài yì kē lǔ dàn.
店員　：Hǎo.
旅行者：Zhè biān mǎi dān ma?
店員　：Duì.

🅓 日本語訳

店員　：ほしいものを直接注文してください。
旅行者：七面鳥肉ライスにします。
店員　：小さいのですか？　大きいのですか？　それとも弁当ですか？
旅行者：小さいのです。また煮卵をひとつください。
店員　：はい。
旅行者：ここで支払いますか？
店員　：はい。

📖 単語・文法ポイント

・直接：直接　　　　　　　・點：注文する　　　　　・火雞肉飯：七面鳥肉ライス
・小的：小さいの(もの)　　・大的：おおきいの(もの)
・還是：それとも　　　　　・便當：弁当　　　　　　・再：また、再び
・顆：個、粒　　　　　　　・滷蛋：煮卵　　　　　　・買單：勘定する

　「雞肉飯」(鶏肉ごはん)は嘉義の名物として知られています。ご飯に「火雞肉」(七面鳥の肉)がのっています。お店のポスターによると、七面鳥の肉は、比較的低脂肪、低コレステロール、低カロリーですが、比較的高タンパクだそうですよ。

● ある変わった食べ物に気付き、おそるおそる聞きました。 🔊 56

旅行者：老闆，那是什麼？
　　　　　ㄌㄠˇ ㄅㄢˇ　ㄋㄚˋ ㄕˋ ㄕㄣˊ ㄇㄜ˙

店員　：那是紅粉腸。
　　　　　ㄋㄚˋ ㄕˋ ㄏㄨㄥˊ ㄈㄣˇ ㄔㄤˊ

旅行者：紅粉腸？（首を傾げる）
　　　　　ㄏㄨㄥˊ ㄈㄣˇ ㄔㄤˊ

店員　：裡面是包豬肉，外面很 Q 喔！
　　　　　ㄌㄧˇ ㄇㄧㄢˋ ㄕˋ ㄅㄠ ㄓㄨ ㄖㄡˋ　ㄨㄞˋ ㄇㄧㄢˋ ㄏㄣˇ　ㄛ

🅠 ピンイン

旅行者：Lǎo bǎn, nà shì shén me?
店員　：Nà shì hóng fěn cháng.
旅行者：Hóng fěn cháng?
店員　：Lǐ miàn shì bāo zhū ròu, wài miàn hěn Q ō!

⊕ 日本語訳

旅行者：すみません、あれは何ですか？
店員　：あれは「紅粉腸」です。
旅行者：「紅粉腸」？
店員　：中には豚肉が入っていて、外側は弾力がありますよ。

📖 単語・文法ポイント

・老闆：オーナー　　　　・那：それ
・紅粉腸：豚の腸の皮に豚肉が入った食べ物　　　　・裡面：中
・包：包む　　　　　　　・豬肉：豚肉　　　　　　・外面：みかけ、外側
・Q：もちもちである　　・喔：(提案・注意の意)～よ
注 アルファベットの「Q」というのは、「もちもち、弾力性がある、歯ごたえがある」
　という意味です。

● ホテルで喫茶店のことで聞きました。　　　　　　🔊)) 57

旅行者　　　　：請問這附近有咖啡店嗎？
　　　　　　　　　ㄑㄧㄥ ㄨㄣ ㄓㄜ ㄈㄨ ㄐㄧㄣ ㄧㄡ ㄎㄚ ㄈㄟ ㄉㄧㄢ ㄇㄚ

フロントの人：前面直走，然後到了民生北路左轉。
　　　　　　　　　ㄑㄧㄢ ㄇㄧㄢ ㄓ ㄗㄡ　ㄖㄢ ㄏㄡ ㄉㄠ ㄌㄜ ㄇㄧㄣ ㄕㄥ ㄅㄟ ㄌㄨ ㄗㄨㄛ ㄓㄨㄢ

　　　　　　　　那邊有(一)家咖啡店喔！
　　　　　　　　　ㄋㄚ ㄅㄧㄢ ㄧㄡ ㄧ ㄐㄧㄚ ㄎㄚ ㄈㄟ ㄉㄧㄢ ㄛ

🅠 ピンイン

旅行者　　　　：Qǐng wèn zhè fù jìn yǒu kā fēi diàn ma?
フロントの人：Qián miàn zhí zǒu, rán hòu dào le mín shēng běi lù
　　　　　　　　zuǒ zhuǎn.
　　　　　　　　Nà biān yǒu yì jiā kā fēi diàn ō!

🅞 日本語訳

旅行者　　　　：お尋ねしますが、この付近には喫茶店がありますか？
フロントの人：この先を真っ直ぐ行って、そして、民生北路を左に曲がってください。
　　　　　　　　そこに喫茶店が1軒あります。

📙 単語・文法ポイント

・請問：お尋ねします　　　・咖啡店：喫茶店　　　・前面：前、先、前の方

・直走：真っ直ぐ行く　　　・然後：そして　　　　・到：着く

・了：(動詞＋了)動作・行為の完了

・民生北路：(道の名前)民生北路

・左轉：左に曲がる　　　　・那邊：あの辺、その辺　・家：軒

コラム

　地元の人に朝ごはんは「碗粿」(ワーグェと台湾語で発音)を勧められました。それは在来米の粉と水をよく混ぜてから、豚油やシイタケ、豚のひき肉、エシャロット、干しエビなどを加えて椀の中に入れ、その椀を鍋に入れて蒸したものです。

🔊)) 58

Zhè shì　　　　　　　　ma
這是＿＿＿＿＿＿＿＿＿＿嗎？　これは＿＿＿＿＿＿＿＿ですか？
ㄓㄜ ㄕ　　　　　　　　ㄇㄚ

● おいしいもの

綠豆糕	ㄌㄩ ㄉㄡ ㄍㄠ	lǜ dòu gāo	➡緑豆のケーキ
手工蛋捲	ㄕㄡ ㄍㄨㄥ ㄉㄢ ㄐㄩㄢ	shǒu gōng dàn juǎn	➡手作りのエッグロール
肉粽	ㄖㄡ ㄗㄨㄥ	ròu zòng	➡肉入りのちまき
方塊酥	ㄈㄤ ㄎㄨㄞ ㄙ	fāng kuài sū	➡四角形の形でサクサクとした食感のパイ
雪花餅	ㄒㄩㄝ ㄏㄨㄚ ㄅㄧㄥ	xuě huā bǐng	➡雪のパイケーキ

注「雪花餅」は二種類あります。一つは嘉義の名産で2枚のパイの中にクリームが入っているものです。パイの表面にかけてある粉砂糖は雪片に似ているので、「雪花餅」と呼ぶようになりました。一方、ほかの町でミルフィーユ状に固めたヌガーとクッキーのミックスというものもあります。

蕃薯餅	ㄈㄢ ㄕㄨ ㄅㄧㄥ	fān shǔ bǐng	➡サツマイモパイ
米餅	ㄇㄧ ㄅㄧㄥ	mǐ bǐng	➡米菓
肉乾	ㄖㄡ ㄍㄢ	ròu gān	➡ジャーキー
茶磚	ㄔㄚ ㄓㄨㄢ	chá zhuān	➡四角くレンガ状に固めたお茶
煎餅	ㄐㄧㄢ ㄅㄧㄥ	jiān bǐng	➡瓦煎餅
Q餅	Q ㄅㄧㄥ	Q bǐng	➡モチモチとしたケーキ

注 サクサクのパイ生地に塩漬けのアヒル卵の黄身や餅、小豆などが入っているお菓子。

練習問題

🔊 59

❶ 音声を聞きながら台湾華語を入れてください。

1.（　　　　）（　　　　）　ㄏㄞˊ ㄕˋ　　それとも
2.（　　　　）　　　　　　　ㄗㄞˋ　　また
3.（　　　　）（　　　　）　ㄓㄨ ㄖㄡˋ　豚肉
4.（　　　　）（　　　　）　ㄨㄞˋ ㄇㄧㄢˋ　見かけ
5.（　　　　）（　　　　）　ㄖㄢˊ ㄏㄡˋ　そして

❷ 以下の台湾華語を日本語に直してください。

1. 要什麼直接點。
   ㄧㄠˋ ㄕㄣˊ ㄇㄜ˙ ㄓˊ ㄐㄧㄝ ㄉㄧㄢˇ
   _____

2. 這邊買單嗎？
   ㄓㄜˋ ㄅㄧㄢ ㄇㄞˇ ㄉㄢ ㄇㄚ˙
   _____

3. 那是什麼？
   ㄋㄚˋ ㄕˋ ㄕㄣˊ ㄇㄜ˙
   _____

4. 這附近有咖啡店嗎？
   ㄓㄜˋ ㄈㄨˋ ㄐㄧㄣˋ ㄧㄡˇ ㄎㄚ ㄈㄟ ㄉㄧㄢˋ ㄇㄚ˙
   _____

5. 前面直走。
   ㄑㄧㄢˊ ㄇㄧㄢˋ ㄓˊ ㄗㄡˇ
   _____

［解答例］
❶ 1.還是　2.再　3.豬肉　4.外面
　 5.然後

❷ 1.ほしいものを直接注文してください。
　 2.この辺で勘定しますか？
　 3.それは何ですか？
　 4.この近くに喫茶店がありますか？
　 5.この先を直行してください。

⑬ 台南

台南

我到台南了！
很多人都說歷史悠久的古都「台南」，
即是台灣的京都。

台南に到着！
大勢の人から、歴史が長くて古い都「台南」は
すなわち、台湾の京都だと言われます。

会 話

● 駅周辺で知らない人が次から次へと声をかけてくれました。　🔊 60

タクシーの運転手：哈囉！需要坐車嗎？

旅行者　　　：不需要，謝謝。

（一人のお兄さんが近づいてきました）

客引き　　　：你好，要租摩托車嗎？

旅行者　　　：不用，謝謝。

コラム

　台南を訪れたのは８月８日で、台湾の「父親節」(父の日)でした。駅前である
バンドのライブがありました。いろんな楽器を使ったり歌を歌ったりして父の日
を祝っている若者たち。大きな拍手や喝采もあり、その若者たちが音に込めた想
いは、大勢の観客に伝わったことでしょう。

⒬ ピンイン

タクシーの運転手	：Hā luó！Xū yào zuò chē ma?
旅行者	：Bù xū yào, xiè xie.
客引き	：Nǐ hǎo, yào zū mó tuō chē ma?
旅行者	：Bú yòng, xiè xie.

⒪ 日本語訳

タクシーの運転手	：Hello! タクシーはいかがですか？
旅行者	：結構です。ありがとうございます。
客引き	：こんにちは。バイクをレンタルしますか？
旅行者	：結構です。ありがとうございます。

📖 単語・文法ポイント

- ・哈囉：helloの音訳
- ・坐車：車（タクシー）に乗る
- ・不用：結構である
- ・需要：必要とする、必要である
- ・不需要：必要ではない
- ・租：有料で借りる
- ・摩托車：バイク

● 朝ごはんを食べたくておかゆの店にも行きました。 🔊)) 61

店員 ：你要內用還是外帶?
　　　　ㄋㄧˇ ㄧㄠˋ ㄋㄟˋ ㄩㄥˋ ㄏㄞˊ ㄕˋ ㄨㄞˋ ㄉㄞˋ

旅行者：內用。
　　　　ㄋㄟˋ ㄩㄥˋ

店員 ：要虱目魚粥還是鹹粥?
　　　　ㄧㄠˋ ㄕ ㄇㄨˋ ㄩˊ ㄓㄡ ㄏㄞˊ ㄕˋ ㄒㄧㄢˊ ㄓㄡ

旅行者：虱目魚粥。
　　　　ㄕ ㄇㄨˋ ㄩˊ ㄓㄡ

店員 ：要加油條、魚皮、魚頭嗎?
　　　　ㄧㄠˋ ㄐㄧㄚ ㄧㄡˊ ㄊㄧㄠˊ 　ㄩˊ ㄆㄧˊ 　ㄩˊ ㄊㄡˊ ㄇㄚ˙

旅行者：都不用。
　　　　ㄉㄡ ㄅㄨˋ ㄩㄥˋ

店員　：Nǐ yào nèi yòng hái shì wài dài?

旅行者：Nèi yòng.

店員　：Yào shī mù yú zhōu hái shì xián zhōu?

旅行者：Shī mù yú zhōu.

店員　：Yào jiā yóu tiáo, yú pí, yú tóu ma?

旅行者：Dōu bú yòng.

◑ 日本語訳

店員　：店内でお召し上がりですか？ それともお持ち帰りですか？

旅行者：店内で食べます。

店員　：「サバヒーのお粥」にしますか？ それとも「塩味のお粥」にしますか？

旅行者：サバヒーのお粥にします。

店員　：「揚げパン」や「魚の皮」や「魚の頭」を入れますか？

旅行者：どれも結構です。

📕 単語・文法ポイント

・內用：店内で召し上がる	・還是：それとも	・外帶：持ち帰る
・虱目魚粥：サバヒーのお粥	・鹹粥：塩味のお粥	・加：出す
・油條：揚げパン	・魚皮：魚の皮	・魚頭：魚の頭
・都：すべて、みな	・不用：結構である	

　地元の人が言うには、朝ごはんはおかゆ以外に、「牛肉湯」(牛肉スープ)と「肉燥飯」(豚のひき肉ご飯)というセットの食べ方もあります。なお、「擔仔麵」(肉そぼろが入った麺料理)という台南の屋台料理や「棺材板」(揚げた食パンにシチューが入ったもの)もおすすめです。

　なお、サバヒーはニシンやイワシに似た淡水魚です。英語ではミルクフィッシュ(Milkfish)と呼ばれています。

● 「蝦仁飯」(エビ飯)も食べに行きました。　　🔊)) 62

店員 ：內用嗎？裡面坐，菜單在桌上。
　　　　　ㄋㄟˋ ㄩㄥˋ ㄇㄚ˙　ㄌㄧˇ ㄇㄧㄢˋ ㄗㄨㄛˋ　ㄘㄞˋ ㄉㄢ ㄗㄞˋ ㄓㄨㄛ ㄕㄤˋ

(注文用の紙を渡されました)

店員 ：記得幫我寫一下桌號。
　　　　　ㄐㄧˋ ㄉㄜˊ ㄅㄤ ㄨㄛˇ ㄒㄧㄝˇ ㄧˊ ㄒㄧㄚˋ ㄓㄨㄛ ㄏㄠˋ

旅行者：寫好了。（紙を渡す）
　　　　　ㄒㄧㄝˇ ㄏㄠˇ ㄌㄜ˙

[注] 「蝦仁飯」(ㄒㄧㄚ ㄖㄣˊ ㄈㄢˋ xiā rén fàn) とは、ダシを混ぜ込んだご飯に、プリッとした、殻なしの蝦とネギがのったものです。

◎ ピンイン

店員 ：Nèi yòng ma? Lǐ miàn zuò, cài dān zài zhuō shàng.
店員 ：Jì dé bāng wǒ xiě yí xià zhuō hào.
旅行者：Xiě hǎo le.

◎ 日本語訳

店員 ：店内でお召し上がりですか？　中へどうぞ。メニューはテーブルの上にあります。
店員 ：テーブルの番号を書くのを忘れないでね。
旅行者：できました。

📖 単語・文法ポイント

・內用：店内で召し上がる　　・裡面坐：中へお座りください
・菜單：メニュー　　　　　　・桌上：テーブルの上　　・記得：覚えている
・幫：助ける、手伝う　　　　・寫：書く
・一下：(動詞＋一下)ちょっと〜、〜してみる　　　・桌號：テーブルの番号
・寫好：書き終わる　　　・了：(動詞＋了)動作・行為の完了

63

hěn duō rén

_____ 很多人。　　_____ は人でいっぱいです。

ㄏㄣ ㄉㄨㄛ ㄖㄣ

● 台南の史跡・遺跡

安平古堡　　　　ㄢ ㄆㄧㄥ ㄍㄨ ㄅㄠ　　　　ān píng gǔ bǎo
➡台湾で初めての城

德記洋行・　　　　ㄉㄜ ㄐㄧ ㄧㄤ ㄏㄤ・　　　　dé jì yáng háng・
安平樹屋　　　　ㄢ ㄆㄧㄥ ㄕㄨ ㄨ　　　　ān píng shù wū
➡「德記洋行」は昔、イギリスの貿易商の商社で、「安平樹屋」はその倉庫で、
ガジュマルの木に覆われ、廃墟となった倉庫です。

安平老街・　　　　ㄢ ㄆㄧㄥ ㄌㄠ ㄐㄧㄝ・　　　　ān píng lǎo jiē・
延平老街　　　　ㄧㄢ ㄆㄧㄥ ㄌㄠ ㄐㄧㄝ　　　　yán píng lǎo jiē
➡台湾で最初に誕生した道

赤崁樓・赤嵌樓　　ㄔ ㄎㄢ ㄌㄡ　　　　chì kǎn lóu
➡1652年にオランダ人が建設

神農街　　　　ㄕㄣ ㄋㄨㄥ ㄐㄧㄝ　　　　shén nóng jiē
➡芸術的な雰囲気が漂う細い通り

孔(子)廟　　　　ㄎㄨㄥ ㄗ ㄇㄧㄠ　　　　kǒng zǐ miào
➡孔子廟

烏山頭水庫　　　ㄨ ㄕㄢ ㄊㄡ ㄕㄨㄟ ㄎㄨ　　wū shān tóu shuǐ kù
➡烏山頭ダム

八田與一紀念園區　ㄅㄚ ㄊㄧㄢ ㄩ ㄧ ㄐㄧ ㄋㄧㄢ ㄩㄢ ㄑㄩ　bā tián yǔ yī jì niàn yuán qū
➡八田與一紀念園区

億載金城・安平大砲台・二鯤身砲臺
ㄧ ㄗㄞ ㄐㄧㄣ ㄔㄥ・ㄢ ㄆㄧㄥ ㄉㄚ ㄆㄠ ㄊㄞ・ㄦ ㄎㄨㄣ ㄕㄣ ㄆㄠ ㄊㄞ
yì zǎi jīn chéng・ān píng dà pào tái・èr kūn shēn pào tái
➡四角形の隅に稜堡を持ち、周囲を水堀に囲まれたレンガ色の城

注 砲台＝砲臺

✎ 練習問題

🔊 64

1 音声を聞きながら台湾華語を入れてください。

1.(　　　　)(　　　　)　　　ㄓㄨㄛ ㄏㄠˋ　　テーブルの番号
2.(　　　)(　　　)(　　　)　ㄇㄛˊ ㄊㄨㄛ ㄔㄜ　バイク
3.(　　　　)　　　　　　　　ㄓㄡ　　　　　おかゆ
4.(　　　　)　　　　　　　　ㄗㄨ　　　　　有料で借りる
5.(　　　　)　　　　　　　　ㄒㄧㄝˇ　　　書く

2 以下の台湾華語を日本語に直してください。

1.需要坐車嗎？
　ㄒㄩ ㄧㄠˋ ㄗㄨㄛˋ ㄔㄜ ㄇㄚ
　_____

2.裡面坐。
　ㄌㄧˇ ㄇㄧㄢˋ ㄗㄨㄛˋ
　_____

3.寫好了。
　ㄒㄧㄝˇ ㄏㄠˇ ㄌㄜ
　_____

4.都不用。
　ㄉㄡ ㄅㄨˋ ㄩㄥˋ
　_____

5.菜單在桌上。
　ㄘㄞˋ ㄉㄢ ㄗㄞˋ ㄓㄨㄛ ㄕㄤˋ
　_____

北部地區

中部地區

南部地區

東部地區

［解答例］
1 1.桌號　2.摩托車　3.粥　4.租
　　5.寫

2 1.タクシーに乗りますか？
　　2.中へお座りください。
　　3.書き終わりました。
　　4.どれも結構です。
　　5.メニューはテーブルの上にあります。

(14) 高雄

我到高雄了！
要先去坐船遊河呢？還是要先去觀景台呢？
頓時讓我陷入了兩難。

高雄に到着！
先に船で川を遊覧するか？　それとも展望台に行くか？
突然、二択に悩まされました。

会 話

● クルーズ船乗り場に行きました。　　　　　　　　　　　🔊 65

旅行者：你好，請問船下一班幾點開？
　　　　ㄋㄧˇ ㄏㄠˇ ㄑㄧㄥˇ ㄨㄣˋ ㄔㄨㄢˊ ㄒㄧㄚˋ ㄧ ㄅㄢ ㄐㄧˇ ㄉㄧㄢˇ ㄎㄞ

店員　：三點半。
　　　　ㄙㄢ ㄉㄧㄢˇ ㄅㄢˋ

旅行者：三點半嗎？
　　　　ㄙㄢ ㄉㄧㄢˇ ㄅㄢˋ ㄇㄚ

店員　：是啊！
　　　　ㄕˋ ㄚˋ

（クルーズは待ち時間が長いので、バスも案内してくれました）

店員　：坐車的話，我們一點半有一班。
　　　　ㄗㄨㄛˋ ㄔㄜ ㄉㄜ˙ ㄏㄨㄚˋ ㄨㄛˇ ㄇㄣ˙ ㄧ ㄉㄧㄢˇ ㄅㄢˋ ㄧㄡˇ ㄧ ㄅㄢ

旅行者：好，那我考慮一下。
　　　　ㄏㄠˇ ㄋㄚˋ ㄨㄛˇ ㄎㄠˇ ㄌㄩˋ ㄧ ㄒㄧㄚˋ

🅠 ピンイン

旅行者：Nǐ hǎo, qǐng wèn chuán xià yì bān jǐ diǎn kāi?
店員　：Sān diǎn bàn.
旅行者：Sān diǎn bàn ma?
店員　：Shì a!
店員　：Zuò chē de huà, wǒ men yì diǎn bàn yǒu yì bān.
旅行者：Hǎo, nà wǒ kǎo lǜ yí xià.

🅞 日本語訳

旅行者：こんにちは。お尋ねしますが、船の次の便は何時ですか？
店員　：3 時半です。
旅行者：3 時半ですか？
店員　：そうですよ。
店員　：車に乗るなら、うちは 1 時半発の便があります。
旅行者：わかりました。じゃあ、ちょっと検討します。

📙 単語・文法ポイント

・請問：お尋ねします　　・船：船　　　　　　　　・下一班：次の便
・幾點：何時　　　　　　・開：運転する、動かす　・～點半：～時半
・是啊：そうですよ　　　・坐車：車(バス)に乗る　・的話：～ならば
・那：では　　　　　　　・考慮：検討する
・一下：(動詞＋一下)～ちょっと、～してみる

　クルーズの場所は「愛河」(ラブリバー)です。高雄を訪ねたころは 8 月だったので、そこで「七夕情人節」(旧暦 7 月 7 日ののバレンタインデー)のイベントがありました。もちろん、台湾では西暦 2 月 14 日の「西洋情人節」もありますよ。

注「雙層巴士」(ㄕㄨㄤ ㄘㄥˊ ㄅㄚ ㄕˋ shuāng céng bā shì)(二階建てバス)は、業者が「雙巴」(ㄕㄨㄤ ㄅㄚ shuāng bā)と略して言うこともあります。

● 展望台のある85ビルへ行きました。 🔊 66

店員 ：您好！請問要去哪裡？

旅行者：八五大樓。

店員 ：在這裡購票喔！

旅行者：一張全票。

店員 ：這樣總共是一百五十塊。

旅行者：刷卡可以嗎？

店員 ：可以。（カードをもらった後に）麻煩您輸入一下密碼。

旅行者：好。

店員 ：稍等我一下喔！

ピンイン

店員 ：Nín hǎo! Qǐng wèn yào qù nǎ lǐ?
旅行者：Bā wǔ dà lóu.
店員 ：Zài zhè lǐ gòu piào ō!
旅行者：Yì zhāng quán piào.
店員 ：Zhè yàng zǒng gòng shì yì bǎi wǔ shí kuài.
旅行者：Shuā kǎ kě yǐ ma?
店員 ：Kě yǐ. Má fán nín shū rù yí xià mì mǎ.
旅行者：Hǎo.
店員 ：Shāo děng wǒ yí xià ō!

① 日本語訳

店員　：こんにちは。どこへ行かれますか？

旅行者：85ビルです。

店員　：ここで切符を買いますよ。

旅行者：大人、一枚です。

店員　：合計で150元です。

旅行者：クレジットカードは使えますか？

店員　：大丈夫です。パスワードをお願いします。

旅行者：はい。

店員　：少々お待ちくださいね。

📕 単語・文法ポイント

・請問：お尋ねします　　・去：行く

・八五大樓：(ビル名)85ビル

・購票：チケットを買う　・喔：(提案・注意の意)～よ

・全票：大人用の乗車券・入場券

・總共：合計で　　　　　・塊：台湾ドル

・刷卡：クレジットカードを使う

・麻煩您：手数をおかけいたします

・一下：(動詞＋一下)ちょっと～、～してみる

・稍等我一下喔：少々お待ちくださいね

・哪裡：どこ

・這裡：ここ

・張：枚

・這樣：これで

・輸入：入力する

・密碼：パスワード

<table>
<tr><td>コラム</td></tr>
</table>

　台湾には、たくさんのナイトマーケットがありますが、場所によっては毎日開催しているわけではありません。事前にナイトマーケットの開催日・営業時間を確認しておいたほうがいいかもしれません。

☑ 補充単語

🔊)) 67

Wǒ yào zuò・dā　　　　qù
我要坐・搭＿＿＿＿＿去 ＿＿＿＿＿ ＿＿＿＿＿。
ㄨㄛˇ ㄧㄠˋ ㄗㄨㄛˋ ㄉㄚ　　　ㄑㄩˋ

私は ＿＿＿＿＿ に乗って ＿＿＿＿＿ に行って ＿＿＿＿＿ します。

渡輪	旗津	吃海鮮
ㄉㄨˋ ㄌㄨㄣˊ	ㄑㄧˊ ㄐㄧㄣ	ㄔ ㄏㄞˇ ㄒㄧㄢ
dù lún	qí jīn	chī hǎi xiān

➡ フェリーに乗って旗津へ海鮮料理を食べに行きます

捷運	百貨公司	買東西
ㄐㄧㄝˊ ㄩㄣˋ	ㄅㄞˇ ㄏㄨㄛˋ ㄍㄨㄥ ㄙ	ㄇㄞˇ ㄉㄨㄥ ㄒㄧ
jié yùn	bǎi huò gōng sī	mǎi dōng xī

➡ MRT に乗ってデパートへ買い物に行きます

注 買東西＝購物

公車	壽山動物園	看猴子
ㄍㄨㄥ ㄔㄜ	ㄕㄡˋ ㄕㄢ ㄉㄨㄥˋ ㄨˋ ㄩㄢˊ	ㄎㄢˋ ㄏㄡˊ ㄗ
gōng chē	shòu shān dòng wù yuán	kàn hóu zi

➡ バスに乗って寿山動物園へサルを見に行きます

輕軌	西子灣	看夕陽
ㄑㄧㄥ ㄍㄨㄟˇ	ㄒㄧ ㄗ ㄨㄢ	ㄎㄢˋ ㄒㄧˋ ㄧㄤˊ
qīng guǐ	xī zi wān	kàn xì yáng

➡ ライトレール・路面電車に乗って西子湾へ夕日を見に行きます

注 夕陽＝日落

練習問題

🔊 68

❶ 音声を聞きながら台湾華語を入れてください。

1. (　　　　)(　　　　)　ㄎㄠˇ ㄌㄩˋ　検討する
2. (　　　　)(　　　　)　ㄉㄚˋ ㄌㄡˊ　ビル
3. (　　　　)(　　　　)　ㄑㄩㄢˊ ㄆㄧㄠˋ　大人用の切符
4. (　　　　)(　　　　)　ㄗㄨㄥˇ ㄍㄨㄥˋ　合計で
5. (　　　　)　ㄑㄩˋ　行く

❷ 以下の台湾華語を日本語に直してください。

1. 船下一班幾點開？
   ㄔㄨㄢˊ ㄒㄧㄚˋ ㄧˋ ㄅㄢ ㄐㄧˇ ㄉㄧㄢˇ ㄎㄞ
   _____

2. 是啊！
   ㄕˋ ㄚ
   _____

3. 在這裡購票喔！
   ㄗㄞˋ ㄓㄜˋ ㄌㄧˇ ㄍㄡˋ ㄆㄧㄠˋ ㄛ
   _____

4. 刷卡可以嗎？
   ㄕㄨㄚ ㄎㄚˇ ㄎㄜˇ ㄧˇ ㄇㄚ
   _____

5. 麻煩您輸入一下密碼。
   ㄇㄚˊ ㄈㄢˊ ㄋㄧㄣˊ ㄕㄨ ㄖㄨˋ ㄧˊ ㄒㄧㄚˋ ㄇㄧˋ ㄇㄚˇ
   _____

[解答例]
❶ 1.考慮　2.大樓　3.全票　4.總共
5.去

❷ 1.船の次の便は何時に出ますか？
2.そうですよ。
3.ここでチケットを買いますよ。
4.クレジットカードは使えますか？
5.パスワードを入れてください。

⑮ 屏東

屏東

我到屏東了！
不巧大雨嘩啦啦地下了起來，
所以只好先待在車站躲雨了。

屏東*に到着！
あいにく大雨がざあっと降ってきたので、
とりあえず駅で雨宿りするしかありません。

*高雄の半屏山の東に位置するため、屏東と呼ばれます。台湾最南端の町です。屏東を訪れた日は午後、
急に雷を伴う大雨に降られました。しばらくすると雨がやみ、太陽が現れます。このような現象は「西
北雨」（サイバーホーと台湾語で発音）と言います。にわか雨という意味です。

会 話

● 駅員に質問しました。　　　　　　　　　　　　　🔊)) 69

旅行者：請問這邊有旅客服務中心嗎？
　　　　ㄑㄧㄥ ㄨㄣ ㄓㄜ ㄅㄧㄢ ㄧㄡ ㄌㄩ ㄎㄜ ㄈㄨ ㄨ ㄓㄨㄥ ㄒㄧㄣ ㄇㄚ

駅員　：旅服？在左前方。
　　　　ㄌㄩ ㄈㄨ　　 ㄗㄞ ㄗㄨㄛ ㄑㄧㄢ ㄈㄤ

旅行者：好，謝謝。
　　　　ㄏㄠ　 ㄒㄧㄝ ㄒㄧㄝ

注 「旅客服務中心」を略して「旅服」という会話表現もあるようです。

❶ ピンイン

旅行者：Qǐng wèn zhè biān yǒu lǚ kè fú wù zhōng xīn ma?
駅員　：Lǚ fú? Zài zuǒ qián fāng.
旅行者：Hǎo, xiè xie.

◑ 日本語訳

旅行者：お尋ねしますが、この辺りに旅客サービスセンターはありますか？

駅員　：「旅服」ですか？　左前方にあります。

旅行者：わかりました。ありがとうございます。

■ 単語・文法ポイント

・請問：お尋ねします　　　　　　　・這邊：この辺

・旅客服務中心：旅客サービスセンター　・左前方：左前方

　現在、日本語の「駅」は「車站」と言います。「屏東車站」(屏東駅)には、「屏東驛站」という表示もありました。辞書によれば、「驛站」というのは、かつて文書を伝送するために設けられた人・馬の休憩所だそうです。よくよくみると、「驛」は「駅」の旧字ですね。

● バスターミナルで「三地門」への路線バスについて聞きました。　◀)) 70

旅行者　：請問到三地門的車在哪裡搭？

窓口の人：你要到哪邊？

旅行者　：原住民文化園區。

窓口の人：要在第五月台搭。

旅行者　：要坐多久？

窓口の人：大概一個小時。

北部地區

中部地區

南部地區

東部地區

旅行者　　：Qǐng wèn dào sān dì mén de chē zài nǎ lǐ dā?

窓口の人：Nǐ yào dào nǎ biān?

旅行者　　：Yuán zhù mín wén huà yuán qū.

窓口の人：Yào zài dì wǔ yuè tái dā.

旅行者　　：Yào zuò duō jiǔ?

窓口の人：Dà gài yí ge xiǎo shí.

❶ 日本語訳

旅行者　　：お尋ねしますが、「三地門」へのバスはどこで乗りますか？

窓口の人：どこに行きますか？

旅行者　　：原住民文化園区です。

窓口の人：5番乗り場で乗ります。

旅行者　　：乗車時間はどのぐらいかかりますか？

窓口の人：だいたい1時間です。

📖 単語・文法ポイント

- ・到三地門的車：「三地門」への車(バス)　　・哪裡：どこ
- ・搭：乗る　　　　　　　　・要：(要＋動詞)〜したい、〜するつもりである
- ・到：着く　　　　　　　　・哪邊：どちら辺
- ・原住民文化園區：原住民文化園区
- ・第〜月台：〜番乗り場　　・多久：どのぐらいの時間
- ・大概：たぶん　　　　　　・〜個小時：〜時間

「三地門」は、特色ある原住民族文化に触れられるところです。そのなかでも、「台湾原住民族文化園區」(台湾原住民族文化園区)が有名です。

● 郵便局で日本の友人に絵はがきを送りました。　🔊 71

旅行者　　：你好，這個我要寄(到)日本。

郵便局の人：好，十塊。

郵便局の人：（切手を渡しながら）貼完投外面(的)郵筒。

ⓐ ピンイン

旅行者　　：Nǐ hǎo, zhè ge wǒ yào jì dào rì běn.

郵便局の人：Hǎo, shí kuài.

郵便局の人：Tiē wán tóu wài miàn de yóu tǒng.

ⓘ 日本語訳

旅行者　　：こんにちは。これ、日本へ送ります。

郵便局の人：はい、10元です。

郵便局の人：（切手を）貼ったら、外のポストに入れてください。

📖 単語・文法ポイント

- ・這個：これ
- ・貼完：貼り付けが終わる
- ・郵筒：ポスト
- ・寄(到)日本：日本に送る
- ・投：(手紙など)入れる
- ・塊：台湾ドル
- ・外面：外

　台湾の郵便ポストは赤と緑の2色で、日本へのハガキでしたら、赤の「航空郵件」(エアメール)に入れてください。

🔊 72

Wǒ xǐ huān

我 喜 歡 _____ 。　私は _____ が好きです。
ㄨˇ ㄒㄧˇ ㄏㄨㄢ

● 屏東の観光スポット

墾丁大街・　ㄎㄣˇ ㄉㄧㄥ ㄉㄚˋ ㄐㄧㄝ・　kěn dīng dà jiē・
墾丁夜市　ㄎㄣˇ ㄉㄧㄥ ㄧㄝˋ ㄕˋ　kěn dīng yè shì

➡墾丁大通り・墾丁ナイトマーケット

山川琉璃吊橋　ㄕㄢ ㄔㄨㄢ ㄌㄧㄡˊ ㄌㄧˊ ㄉㄧㄠˋ ㄑㄧㄠˊ　shān chuān liú lí diào qiáo

➡台湾最長の吊り橋

鵝鑾鼻燈塔　ㄜˊ ㄌㄨㄢˊ ㄅㄧˊ ㄉㄥ ㄊㄚˇ　é luán bí dēng tǎ

➡台湾最南端の灯台

小琉球　ㄒㄧㄠˇ ㄌㄧㄡˊ ㄑㄧㄡˊ　xiǎo liú qiú

➡珊瑚で作られた離島

㊟「小琉球」のもともとの名前は「沙馬基」です。元朝時代に台湾と沖縄諸島
を合わせて「琉球」と呼んでいましたが、明朝時代に沖縄諸島を「大琉球」に、
台湾を「小琉球」に改称しました。その後、オランダ統治時代に入ってから、
台湾という呼称になりました。そのため台湾南部の小さな島「沙馬基」を小
琉球と呼ぶようになりました。

● ほかの離島

馬祖　ㄇㄚˇ ㄗㄨˇ　mǎ zǔ
金門　ㄐㄧㄣ ㄇㄣˊ　jīn mén
澎湖　ㄆㄥˊ ㄏㄨˊ　péng hú
綠島　ㄌㄩˋ ㄉㄠˇ　lǜ dǎo
蘭嶼　ㄌㄢˊ ㄩˇ　lán yǔ

> **コラム**
>
> 　屏東の代表的な野菜は、「牛蒡」(ゴボウ)や「苦瓜」(ニガウリ)、「洋蔥・洋葱」
> (玉ねぎ)、「小黃瓜」(キュウリ)などです。なお、「萬巒」では「萬巒豬腳」(万
> 巒の豚足煮込み)が有名です。

✎ 練習問題

❶ 音声を聞きながら台湾華語を入れてください。

1. (　　　　　)(　　　　　) ㄌㄩ˙ ㄈㄨˊ　　　旅客サービスセンター
2. (　　　　　)(　　　　　)(　　　　　) ㄩㄢˊ ㄓㄨˋ ㄇㄧㄣˊ　　　先住民族
3. (　　　　　)(　　　　　) ㄩㄝˋ ㄊㄞˊ　　　プラットホーム、乗り場
4. (　　　　　)(　　　　　) ㄧㄡˊ ㄊㄨㄥˇ　　　ポスト
5. (　　　　　)(　　　　　) ㄒㄧㄚˋ ㄨˇ　　　午後

❷ 以下の台湾華語を日本語に直してください。

1. 你要到哪邊？
　　ㄋㄧˇ ㄧㄠˋ ㄉㄠˋ ㄋㄚˇ ㄅㄧㄢ 　＿＿＿＿＿＿＿＿＿＿＿＿＿

2. 大概一個小時。
　　ㄉㄚˋ ㄍㄞˋ ㄧˊ ㄍㄜˋ ㄒㄧㄠˇ ㄕˊ 　＿＿＿＿＿＿＿＿＿＿＿＿＿

3. 這個我要寄（到）日本。
　　ㄓㄜˋ ㄍㄜˋ ㄨㄛˇ ㄧㄠˋ ㄐㄧˋ ㄉㄠˋ ㄖˋ ㄅㄣˇ 　＿＿＿＿＿＿＿＿＿＿＿＿＿

4. 在左前方。
　　ㄗㄞˋ ㄗㄨㄛˇ ㄑㄧㄢˊ ㄈㄤ 　＿＿＿＿＿＿＿＿＿＿＿＿＿

5. 要坐多久？
　　ㄧㄠˋ ㄗㄨㄛˋ ㄉㄨㄛ ㄐㄧㄡˇ 　＿＿＿＿＿＿＿＿＿＿＿＿＿

［解答例］
❶ 1. 旅服　2. 原住民　3. 月台　4. 郵筒
　　5. 下午

❷ 1. どこに行きますか？
　　2. たぶん1時間ぐらいです。
　　3. これは日本へ送ります。
　　4. 左前方にあります。
　　5. 乗車時間はどのぐらいですか？

16 花蓮

花蓮

我到花蓮了！
車站旁雖然傳來陣陣的飛機聲，
但我的肚子咕嚕咕嚕叫得更大聲。
好吃的東西在哪裡呢？

花蓮に到着！
駅のそばでひっきりなしに飛行機の音が聞こえていますが、
私のお腹のペコペコという音はもっと大きく響いています。
おいしいものはどこにあるのだろう？

＊花蓮駅では次から次へと飛行機の音がします。なぜなら、その近くに軍民共用の空港があるからです。

会 話

●「扁食」（ワンタン）を食べに行きました。　　　　　🔊 74

店員　：內用？外帶？
　　　　ㄋㄟˋ ㄩㄥˋ　ㄨㄞˋ ㄉㄞˋ

旅行者：內用。
　　　　ㄋㄟˋ ㄩㄥˋ

店員　：這裡（メニューを指して），小菜自己拿。
　　　　ㄓㄜˋ ㄌㄧˇ　　　　　　　ㄒㄧㄠˇ ㄘㄞˋ ㄗˋ ㄐㄧˇ ㄋㄚˊ

（2皿取る。食べ終わって、伝票を持っていく）

店員　：小菜就兩碟駒？
　　　　ㄒㄧㄠˇ ㄘㄞˋ ㄐㄧㄡˋ ㄌㄧㄤˇ ㄉㄧㄝˊ ㄏㄡ˙

旅行者：對！
　　　　ㄉㄨㄟˋ

店員　：這樣一百六。
　　　　ㄓㄜˋ ㄧㄤˋ ㄧ ㄅㄞˇ ㄌㄧㄡˋ

🅠 ピンイン

店員　：Nèi yòng? Wài dài?
旅行者：Nèi yòng.
店員　：Zhè lǐ, xiǎo cài zì jǐ ná.

店員　：Xiǎo cài jiù liǎng dié hǒu?
旅行者：Duì!
店員　：Zhè yàng yì bǎi liù.

北部地區

中部地區

南部地區

東部地區

🅘 日本語訳

店員　：店内でお召し上がりですか？　お持ち帰りですか？
旅行者：店内で食べます。
店員　：ここ（メニューを指して）、小皿料理はセルフサービスで。

店員　：小皿料理は二皿だけですよね。
旅行者：はい。
店員　：これで160（元）です。

📖 単語・文法ポイント

・內用：店内で召し上がる 　・外帶：持ち帰る 　・這裡：ここ
・小菜：小皿料理 　　　　　・自己：自分で 　　・拿：取る
・就：ただ～だけ 　　　　　・碟：皿 　　　　　・齁：～よね
・對：正しい、合っている 　・這樣：これで

注 「扁食」（ㄅㄧㄢˇ ㄕˊ biǎn shí）
　　兩：2 を表すには「二」もありますが、ものを数えることばの前では「兩」。
　　齁：台湾語由来の使い方ですが、「吼」という当て字も見かけます。「同意を求める」
　　　　「疑問を表す」といった意味です。

　花蓮を代表する「扁食」（ワンタン）は「餛飩」「雲吞」「抄手」とも呼ばれます。台湾の昔の大統領は花蓮を訪ねたときにわざわざこれを食べに来たものです。なお、メニューには「扁食」の種類が書かれていますが、「鮮肉」は新鮮な肉、「翡翠」はニラと肉（緑色が特徴的）、「鮮蝦」は新鮮なエビ、「綜合」は総合ということです。

● 旅行サービスセンターで荷物を預かってもらいました。 🔊 75

従業員：你需要什麼？
ㄋㄧ ㄒㄩ ㄧㄠ ㄕㄣ ㄇㄜ

旅行者：請問這裡可以寄放行李嗎？
ㄑㄧㄥ ㄨㄣ ㄓㄜ ㄌㄧ ㄎㄜ ㄧ ㄐㄧ ㄈㄤ ㄒㄧㄥ ㄌㄧ ㄇㄚ

従業員：一次八十塊。
ㄧ ㄘ ㄅㄚ ㄕ ㄎㄨㄞ

旅行者：請等一下。（お金を払う）
ㄑㄧㄥ ㄉㄥ ㄧ ㄒㄧㄚ

従業員：收你八十塊。
ㄕㄡ ㄋㄧ ㄅㄚ ㄕ ㄎㄨㄞ

請(你)寫一下姓名跟電話。
ㄑㄧㄥ ㄋㄧ ㄒㄧㄝ ㄧ ㄒㄧㄚ ㄒㄧㄥ ㄇㄧㄥ ㄍㄣ ㄉㄧㄢ ㄏㄨㄚ

你的號碼是四十七號。
ㄋㄧ ㄉㄜ ㄏㄠ ㄇㄚ ㄕ ㄙ ㄕ ㄑㄧ ㄏㄠ

請跟我來這裡寄行李。
ㄑㄧㄥ ㄍㄣ ㄨㄛ ㄌㄞ ㄓㄜ ㄌㄧ ㄐㄧ ㄒㄧㄥ ㄌㄧ

🅰 ピンイン

従業員：Nǐ xū yào shén me?
旅行者：Qǐng wèn zhè lǐ kě yǐ jì fàng xíng lǐ ma?
従業員：Yí cì bā shí kuài.
旅行者：Qǐng děng yí xià.
従業員：Shōu nǐ bā shí kuài.
　　　　Qǐng nǐ xiě yí xià xìng míng gēn diàn huà.
　　　　Nǐ de hào mǎ shì sì shí qī hào.
　　　　Qǐng gēn wǒ lái zhè lǐ jì xíng lǐ.

🔊 日本語訳

従業員：何が必要でしょうか？

旅行者：お尋ねしますが、ここでは荷物を預かってもらえますか？

従業員：一回80元です。

旅行者：ちょっと待ってください。

従業員：80元お預かりします。

　　　　名前と電話番号を書いてください。

　　　　あなたの受け取り番号は47番です。

　　　　荷物を預けますので、私とここに来てください。

📖 単語・文法ポイント

・需要：必要とする、必要である

・寄放：(一時的に)預ける　　・行李：荷物　　　　　・次：回

・請等一下：ちょっと待ってください　　　　　　　　・收：受け取る

・請(你)：～してください　　・寫：書く　　　　　　・姓名：名前

・跟：AとB　　　　　　　　・電話：電話

・你的號碼：あなたの番号　　・號：番　　　　　　　・跟：～と、共に

・來：来る　　　　　　　　・寄：「寄放」の略

「旅遊服務中心」(旅行サービスセンター)や「遊客中心」(ビジターセンター)では、荷物預かりのサービスの有無、有料かどうかは場所により異なるので、聞いておいたほうがいいかもしれません。

コラム

・花蓮の宝物

　花蓮は埋蔵されている「大理石」という岩石が豊富で、石材加工業がとりわけ発達しています。天然資源に恵まれていますので、多くの優秀な石の彫刻の芸術家が生まれました。

・地元民の行楽地

　地元の人のおすすめは「北濱公園」(北浜公園)です。現地に行くと、ランニングをする人、犬の散歩や自転車を乗る人が大勢いました。海の風が吹き、岩壁に絶え間なく打ち寄せる波浪の音がここちよいです。

☑ 補充単語

Wǒ zhī dào

我知道＿＿＿＿＿＿＿＿＿＿。　私は＿＿＿＿＿＿＿を知っています。
ㄨㄛˇ ㄓ ㄉㄠˋ

● おいしいもの

花蓮薯	ㄏㄨㄚ ㄌㄧㄢˊ ㄕㄨˇ	huā lián shǔ	➡花蓮産のサツマイモで作られたスイーツ
石頭燒	ㄕˊ ㄊㄡˊ ㄕㄠ	shí tóu shāo	➡和菓子をモチーフとした焼き菓子
青柚燒	ㄑㄧㄥ ㄧㄡˋ ㄕㄠ	qīng yòu shāo	➡生地で文旦を包んだ焼き菓子
奶油酥條	ㄋㄞˇ ㄧㄡˊ ㄙㄨ ㄊㄧㄠˊ	nǎi yóu sū tiáo	➡バターと砂糖を塗って焼き上げたラスク
剝皮辣椒	ㄅㄛ ㄆㄧˊ ㄌㄚˋ ㄐㄧㄠ	bō pí là jiāo	➡トウガラシの漬物
麻糬	ㄇㄚˊ ㄕㄨˇ	má shǔ	➡お餅

> **注**「麻糬」は台湾華語で発音する人もいますが、通常「モァジー」と台湾語で発音します。

● 観光スポット

太魯閣　　　　　ㄊㄞˋ ㄌㄨˇ ㄍㄜˊ　　　　tài lǔ gé
➡タロコ渓谷

七星潭／鯉魚潭　ㄑㄧ ㄒㄧㄥ ㄊㄢˊ／ㄌㄧˇ ㄩˊ ㄊㄢˊ　qī xīng tán/ lǐ yú tán
➡波の中で石拾いが楽しめる／ホタル鑑賞が楽しめる

東大門夜市　　　ㄉㄨㄥ ㄉㄚˋ ㄇㄣˊ ㄧㄝˋ ㄕˋ　dōng dà mén yè shì
➡東大門ナイトマーケット

光復糖廠・　　　ㄍㄨㄤ ㄈㄨˋ ㄊㄤˊ ㄔㄤˇ・　guāng fù táng chǎng
花蓮觀光糖廠　　ㄏㄨㄚ ㄌㄧㄢˊ ㄍㄨㄢ ㄍㄨㄤ ㄊㄤˊ ㄔㄤˇ　huā lián guān guāng táng chǎng
➡花蓮観光製糖工場

（舊）鐵道（文化）商圈　ㄐㄧㄡˋ ㄊㄧㄝˇ ㄉㄠˋ ㄨㄣˊ ㄏㄨㄚˋ ㄕㄤ ㄑㄩㄢ
jiù tiě dào wén huà shāng quān
➡(旧)鉄道(文化)ビジネスエリア

練習問題

77

❶音声を聞きながら台湾華語を入れてください。

1. (　　　　)(　　　　)　ㄨㄞ ㄉㄞ　持ち帰る
2. (　　　　)　ㄐㄧㄡ　ただ～だけ
3. (　　　　)(　　　　)　ㄒㄧㄥ ㄇㄧㄥ　名前
4. (　　　　)　ㄌㄞ　来る
5. (　　　　)(　　　　)　ㄉㄧㄢ ㄏㄨㄚ　電話

❷以下の台湾華語を日本語に直してください。

1. 小菜自己拿。
ㄒㄧㄠ ㄘㄞ ㄗ ㄐㄧ ㄋㄚ
_____

2. 你需要什麼？
ㄋㄧ ㄒㄩ ㄧㄠ ㄕㄣ ㄇㄛ
_____

3. 收你八十塊。
ㄕㄡ ㄋㄧ ㄅㄚ ㄕ ㄎㄨㄞ
_____

4. 這裡可以寄放行李嗎？
ㄓㄜ ㄌㄧ ㄎㄜ ㄧ ㄐㄧ ㄈㄤ ㄒㄧㄥ ㄌㄧ ㄇㄚ
_____

5. 你的號碼是四十七號。
ㄋㄧ ㄉㄜ ㄏㄠ ㄇㄚ ㄕ ㄙ ㄕ ㄑㄧ ㄏㄠ
_____

［解答例］
❶ 1. 外帶　2. 就　3. 姓名　4. 來
5. 電話

❷ 1. 小皿料理を自分で取ってください。
2. 何が必要でしょうか？
3. 80元預かります。
4. ここでは荷物を預かってもらえますか？
5. あなたの番号は47番です。

⑰ 台東

我到台東了！
能在寂靜的夜晚看到滿天的星空，
是我最浪漫的夢想。

台東に到着！
静かな夜に、星いっぱいの空が見えるなんて、
ぼくのなかで一番ロマンティックな夢です。

＊台東は地理の関係で、面積が広く、人による光害が少ないので、夜になると、数え切れないほどの星
　が見えます。星を見るのに最適なところだと言われています。

💬 会　話

● 民宿を出て星を見に行こうと思いました。 🔊 78

旅行者　：這邊看得到星星嗎?
　　　　　ㄓㄜˋ ㄅㄧㄢ ㄎㄢˋ ㄉㄜˊ ㄉㄠˋ ㄒㄧㄥ ㄒㄧㄥ ㄇㄚ˙

民宿の人：伯朗大道那邊星星比較多喔!
　　　　　ㄅㄛˊ ㄌㄤˇ ㄉㄚˋ ㄉㄠˋ ㄋㄚˋ ㄅㄧㄢ ㄒㄧㄥ ㄒㄧㄥ ㄅㄧˇ ㄐㄧㄠˋ ㄉㄨㄛ ㄛ

旅行者　：這樣(啊)。
　　　　　ㄓㄜˋ ㄧㄤˋ ㄚ˙

民宿の人：現在外面有焚風，很熱喔!
　　　　　ㄒㄧㄢˋ ㄗㄞˋ ㄨㄞˋ ㄇㄧㄢˋ ㄧㄡˇ ㄈㄣˊ ㄈㄥ ㄏㄣˇ ㄖㄜˋ ㄛ

注 「伯朗大道」とは台東県池上郷の田園の中を走る小道で、「緑の天国の道」と呼ば
　　れています。
　　「焚風」(フェーン)というのは、山を越えて平地へ吹き下ろす乾燥した高温の風の
　　こと。台東でのフェーン現象は主に台風の季節に起きます。

ⓠ ピンイン

旅行者 ：Zhè biān kàn de dào xīng xīng ma?
民宿の人：Bó lǎng dà dào nà biān xīng xīng bǐ jiào duō ō!
旅行者 ：Zhè yàng a.
民宿の人：Xiàn zài wài miàn yǒu fén fēng, hěn rè ō!

ⓓ 日本語訳

旅行者 ：この辺りで星が見えますか？
民宿の人：「伯朗大道」、あちらは星が比較的多いですよ。
旅行者 ：そうですか。
民宿の人：今、外はフェーンが吹いていて、暑いですよ。

📖 単語・文法ポイント

・這邊：この辺
・星星：星
・那邊：その辺
・這樣(啊)：そうなんだ
・很熱：(とても)暑い
・看得到：見ることができる、見える
・伯朗大道：(大通りの名前)伯朗大道
・比較：比較的　・喔：(提案・注意の意)〜よ
・外面：外　・焚風：フェーン

注 看得見：「看到」(見る、目に入る)の間に「得」がはさまれて「見える」という意味になっています。

コラム

・台湾の誇り

　2010年にアメリカの有力雑誌であるタイム誌の「世界で最も影響力のある100人」に、台東出身の「陳樹菊」さんが入っていました。彼女は市場で野菜を売りながら節約に努め、ためてきたお金を小学校や慈善団体に寄付しています。彼女の人間愛には心をうたれます。台湾の人々にとっての誇りです。

北部地區

中部地區

南部地區

東部地區

● アミ族が粟の豊穣を神に感謝する祭り「豊年祭」を見に行きました。現地では「卡魯卡部」という文字が大きく書かれています。 79

旅行者　：請問「卡魯卡部」是什麼意思?

先住民族：你問那邊的長老會比較清楚。

旅行者　：好，謝謝（你）。

（もうひとりの人に質問する）

旅行者　：長老請問一下，「卡魯卡部」是什麼意思?

先住民族：那是「大埔村」的意思。

旅行者　：是阿美族的語言嗎?

先住民族：對!

ピンイン

旅行者　　：Qǐng wèn kǎ lǔ kǎ bù shì shén me yì si?
先住民族：Nǐ wèn nà biān de zhǎng lǎo huì bǐ jiào qīng chǔ.
旅行者　　：Hǎo, xiè xie nǐ.

旅行者　　：Zhǎng lǎo qǐng wèn yí xià, kǎ lǔ kǎ bù shì shén me yì si?
先住民族：Nà shì dà pǔ cūn de yì si.
旅行者　　：Shì ā měi zú de yǔ yán ma?
先住民族：Duì!

110

◑ 日本語訳

旅行者　　：お尋ねしますが、「卡魯卡部」はどういう意味ですか？
先住民族：あちら辺の年配の方に聞いたほうがいいです。
旅行者　　：はい、ありがとうございます。

旅行者　　：すみません、お尋ねしますが、「卡魯卡部」はどういう意味ですか？
先住民族：それは「大埔村」のことです。
旅行者　　：アミ族の言葉ですか？
先住民族：はい。

■ 単語・文法ポイント

- ・意思：意味
- ・長老：長老
- ・比較：比較的、わりと
- ・〜的意思：という意味
- ・對：正しい、合っている

- ・問：聞く
- ・會：はずである、〜であろう
- ・清楚：はっきりしている、明瞭である
- ・阿美族：アミ族

- ・那邊：そちら辺

- ・語言：言語、言葉

注「豐年祭」（ㄈㄥ ㄋㄧㄢˊ ㄐㄧˋ fēng nián jì）
　アミ族では長老の地位が高くて、絶対的な権威と政治権力をもっています。

> #### コラム
>
> **・台湾ならではの車内放送**
> 　台東へ行く途中、電車の車内放送の順番は、台湾華語、台湾語、客家語、英語
> と原住民語です。駅員の話によると、台東・花蓮にしか原住民語の放送はないそ
> うです。

☑ 補充単語

80

zěn me mài

_____ 怎麼賣? _____ はどうやって売ります？
　　　　　　　　ㄗ ㄇ ㄇ
　　　　　　　　ㄣ ㄜ ㄞ

注 重さで売るか、個数で売るか、売り方がわからないときに使います。

● おいしいもの

釋迦　　　　ㄕˋ ㄐㄧㄚ　　shì jiā
→ シャカトウ・バンレイシ

注「釋迦」という名前は釈迦の頭に似ているところから名付けられました。

火龍果　　ㄏㄨㄛˇ ㄌㄨㄥˊ ㄍㄨㄛˇ　　huǒ lóng guǒ
→ ドラゴンフルーツ

枇杷　　　ㄆㄧˊ ㄆㄚˊ　　pí pá
→ びわ

鳳梨乾　　ㄈㄥˋ ㄌㄧˊ ㄍㄢ　　fèng lí gān
→ ドライパイナップル

地瓜酥　　ㄉㄧˋ ㄍㄨㄚ ㄙㄨ　　dì guā sū
→ サツマイモパイ

旗魚　　　ㄑㄧˊ ㄩˊ　　qí yú
→ かじき

米／小米　ㄇㄧˇ／ㄒㄧㄠˇ ㄇㄧˇ　　mǐ / xiǎo mǐ
→ 米／粟

金針花　　ㄐㄧㄣ ㄓㄣ ㄏㄨㄚ　　jīn zhēn huā
→ ワスレグサ

洛神花　　ㄌㄨㄛˋ ㄕㄣˊ ㄏㄨㄚ　　luò shén huā
→ ローゼル

果醬／茶包　ㄍㄨㄛˇ ㄐㄧㄤˋ／ㄔㄚˊ ㄅㄠ　　guǒ jiàng /chá bāo
→ ジャム／ティーバッグ

112

✎ 練習問題

🔊 81

❶ 音声を聞きながら台湾華語を入れてください。

1. (　　　　　)(　　　　　) ㄒㄧㄥ ㄒㄧㄥ　星
2. (　　　　　) ㄉㄨㄛ　多い
3. (　　　　　) ㄖㄜˋ　暑い
4. (　　　　　) ㄨㄣˋ　尋ねる
5. (　　　　　)(　　　　　) ㄩˇ ㄧㄢˊ　言語

❷ 以下の台湾華語を日本語に直してください。

1. 這樣啊。
　ㄓㄜˋ ㄧㄤˋ ㄚ
　_____

2. 現在外面有焚風。
　ㄒㄧㄢˋ ㄗㄞˋ ㄨㄞˋ ㄇㄧㄢˋ ㄧㄡˇ ㄈㄣˊ ㄈㄥ
　_____

3. 對！
　ㄉㄨㄟˋ
　_____

4. 「卡魯卡部」是什麼意思？
　ㄎㄚˇ ㄌㄨˇ ㄎㄚˇ ㄅㄨ　ㄕˋ ㄕㄣˊ ㄇㄜ˙ ㄧˋ ㄙ
　_____

5. 那是「大埔村」的意思。
　ㄋㄚˋ ㄕˋ　ㄉㄚˋ ㄆㄨˋ ㄘㄨㄣ　ㄉㄜ˙ ㄧˋ ㄙ
　_____

北部地區

中部地區

南部地區

東部地區

［解答例］
❶ 1. 星星　2. 多　3. 熱　4. 問　5. 語言

❷ 1. そんなんだ。
　　2. 現在、外はフェーンが吹いています。
　　3. そうです。
　　4. 「卡魯卡部」はどういう意味ですか？
　　5. それは「大埔村」の意味です。

注音符号（ボポモフォ）音節表

※ピ：ピンイン　　注：注音符号

b｜ㄅ

ピ	注	ピ	注
ba	ㄅㄚ	beng	ㄅㄥ
bo	ㄅㄛ	bi	ㄅㄧ
bai	ㄅㄞ	bie	ㄅㄧㄝ
bei	ㄅㄟ	biao	ㄅㄧㄠ
bao	ㄅㄠ	bian	ㄅㄧㄢ
ban	ㄅㄢ	bin	ㄅㄧㄣ
ben	ㄅㄣ	bing	ㄅㄧㄥ
bang	ㄅㄤ	bu	ㄅㄨ

p｜ㄆ

ピ	注	ピ	注
pa	ㄆㄚ	peng	ㄆㄥ
po	ㄆㄛ	pi	ㄆㄧ
pai	ㄆㄞ	pie	ㄆㄧㄝ
pei	ㄆㄟ	piao	ㄆㄧㄠ
pao	ㄆㄠ	pian	ㄆㄧㄢ
pou	ㄆㄡ	pin	ㄆㄧㄣ
pan	ㄆㄢ	ping	ㄆㄧㄥ
pen	ㄆㄣ	pu	ㄆㄨ
pang	ㄆㄤ		

m ㄇ

ㄆ	注	ㄆ	注
ma	ㄇㄚ	meng	ㄇㄥ
mo	ㄇㄛ	mi	ㄇㄧ
me	ㄇㄜ	mie	ㄇㄧㄝ
mai	ㄇㄞ	miao	ㄇㄧㄠ
mei	ㄇㄟ	miu	ㄇㄧㄡ
mao	ㄇㄠ	mian	ㄇㄧㄢ
mou	ㄇㄡ	min	ㄇㄧㄣ
man	ㄇㄢ	ming	ㄇㄧㄥ
men	ㄇㄣ	mu	ㄇㄨ
mang	ㄇㄤ		

f ㄈ

ㄆ	注	ㄆ	注
fa	ㄈㄚ	fen	ㄈㄣ
fo	ㄈㄛ	fang	ㄈㄤ
fei	ㄈㄟ	feng	ㄈㄥ
fou	ㄈㄡ	fu	ㄈㄨ
fan	ㄈㄢ		

d ㄉ

ㄆ	注	ㄆ	注
da	ㄉㄚ	diao	ㄉㄧㄠ
de	ㄉㄜ	diu	ㄉㄧㄡ
dai	ㄉㄞ	dian	ㄉㄧㄢ
dei	ㄉㄟ	ding	ㄉㄧㄥ
dao	ㄉㄠ	du	ㄉㄨ
dou	ㄉㄡ	duo	ㄉㄨㄛ
dan	ㄉㄢ	dui	ㄉㄨㄟ
dang	ㄉㄤ	duan	ㄉㄨㄢ
deng	ㄉㄥ	dun	ㄉㄨㄣ
di	ㄉㄧ	dong	ㄉㄨㄥ
die	ㄉㄧㄝ		

t ㄊ

ㄆ	注	ㄆ	注
ta	ㄊㄚ	tiao	ㄊㄧㄠ
te	ㄊㄜ	tian	ㄊㄧㄢ
tai	ㄊㄞ	ting	ㄊㄧㄥ
tao	ㄊㄠ	tu	ㄊㄨ
tou	ㄊㄡ	tuo	ㄊㄨㄛ
tan	ㄊㄢ	tui	ㄊㄨㄟ
tang	ㄊㄤ	tuan	ㄊㄨㄢ
teng	ㄊㄥ	tun	ㄊㄨㄣ
ti	ㄊㄧ	tong	ㄊㄨㄥ
tie	ㄊㄧㄝ		

n ㄋ

ㄆ	注	ㄆ	注
na	ㄋㄚ	niao	ㄋㄧㄠ
ne	ㄋㄜ	niu	ㄋㄧㄡ
nai	ㄋㄞ	nian	ㄋㄧㄢ
nei	ㄋㄟ	nin	ㄋㄧㄣ
nao	ㄋㄠ	niang	ㄋㄧㄤ
nou	ㄋㄡ	ning	ㄋㄧㄥ
nan	ㄋㄢ	nu	ㄋㄨ
nen	ㄋㄣ	nuo	ㄋㄨㄛ
nang	ㄋㄤ	nuan	ㄋㄨㄢ
neng	ㄋㄥ	nong	ㄋㄨㄥ
ni	ㄋㄧ	nü	ㄋㄩ
nie	ㄋㄧㄝ	nüe	ㄋㄩㄝ

l ㄌ

ㄆ	注	ㄆ	注
la	ㄌㄚ	liao	ㄌㄧㄠ
le	ㄌㄜ	liu	ㄌㄧㄡ
lo	ㄌㄛ	lian	ㄌㄧㄢ
lai	ㄌㄞ	lin	ㄌㄧㄣ
lei	ㄌㄟ	liang	ㄌㄧㄤ
lao	ㄌㄠ	ling	ㄌㄧㄥ
lou	ㄌㄡ	lu	ㄌㄨ
lan	ㄌㄢ	luo	ㄌㄨㄛ
lang	ㄌㄤ	luan	ㄌㄨㄢ
leng	ㄌㄥ	lun	ㄌㄨㄣ
li	ㄌㄧ	long	ㄌㄨㄥ
lia	ㄌㄧㄚ	lü	ㄌㄩ
lie	ㄌㄧㄝ	lüe	ㄌㄩㄝ

g ㄍ

ㄅ	注	ㄅ	注
ga	ㄍㄚ	gu	ㄍㄨ
ge	ㄍㄜ	gua	ㄍㄨㄚ
gai	ㄍㄞ	guo	ㄍㄨㄛ
gei	ㄍㄟ	guai	ㄍㄨㄞ
gao	ㄍㄠ	gui	ㄍㄨㄟ
gou	ㄍㄡ	guan	ㄍㄨㄢ
gan	ㄍㄢ	gun	ㄍㄨㄣ
gen	ㄍㄣ	guang	ㄍㄨㄤ
gang	ㄍㄤ	gong	ㄍㄨㄥ
geng	ㄍㄥ		

k ㄎ

ㄅ	注	ㄅ	注
ka	ㄎㄚ	ku	ㄎㄨ
ke	ㄎㄜ	kua	ㄎㄨㄚ
kai	ㄎㄞ	kuo	ㄎㄨㄛ
kao	ㄎㄠ	kuai	ㄎㄨㄞ
kou	ㄎㄡ	kui	ㄎㄨㄟ
kan	ㄎㄢ	kuan	ㄎㄨㄢ
ken	ㄎㄣ	kun	ㄎㄨㄣ
kang	ㄎㄤ	kuang	ㄎㄨㄤ
keng	ㄎㄥ	kong	ㄎㄨㄥ

h ｜ ㄏ

ピ	注	ピ	注
ha	ㄏㄚ	hu	ㄏㄨ
he	ㄏㄜ	hua	ㄏㄨㄚ
hai	ㄏㄞ	huo	ㄏㄨㄛ
hei	ㄏㄟ	huai	ㄏㄨㄞ
hao	ㄏㄠ	hui	ㄏㄨㄟ
hou	ㄏㄡ	huan	ㄏㄨㄢ
han	ㄏㄢ	hun	ㄏㄨㄣ
hen	ㄏㄣ	huang	ㄏㄨㄤ
hang	ㄏㄤ	hong	ㄏㄨㄥ
heng	ㄏㄥ		

j ｜ ㄐ

ピ	注	ピ	注
ji	ㄐㄧ	jiang	ㄐㄧㄤ
jia	ㄐㄧㄚ	jing	ㄐㄧㄥ
jie	ㄐㄧㄝ	ju	ㄐㄩ
jiao	ㄐㄧㄠ	jue	ㄐㄩㄝ
jiu	ㄐㄧㄡ	juan	ㄐㄩㄢ
jian	ㄐㄧㄢ	jun	ㄐㄩㄣ
jin	ㄐㄧㄣ	jiong	ㄐㄩㄥ

q ㄑ

ㄆ	注	ㄆ	注
qi	ㄑㄧ	qiang	ㄑㄧㄤ
qia	ㄑㄧㄚ	qing	ㄑㄧㄥ
qie	ㄑㄧㄝ	qu	ㄑㄩ
qiao	ㄑㄧㄠ	que	ㄑㄩㄝ
qiu	ㄑㄧㄡ	quan	ㄑㄩㄢ
qian	ㄑㄧㄢ	qun	ㄑㄩㄣ
qin	ㄑㄧㄣ	qiong	ㄑㄩㄥ

x ㄒ

ㄆ	注	ㄆ	注
xi	ㄒㄧ	xiang	ㄒㄧㄤ
xia	ㄒㄧㄚ	xing	ㄒㄧㄥ
xie	ㄒㄧㄝ	xu	ㄒㄩ
xiao	ㄒㄧㄠ	xue	ㄒㄩㄝ
xiu	ㄒㄧㄡ	xuan	ㄒㄩㄢ
xian	ㄒㄧㄢ	xun	ㄒㄩㄣ
xin	ㄒㄧㄣ	xiong	ㄒㄩㄥ

zh(i) 　业

ピ	注	ピ	注
zhi	业	zheng	业ㄥ
zha	业ㄚ	zhu	业ㄨ
zhe	业ㄜ	zhua	业ㄨㄚ
zhai	业ㄞ	zhuo	业ㄨㄛ
zhei	业ㄟ	zhuai	业ㄨㄞ
zhao	业ㄠ	zhui	业ㄨㄟ
zhou	业ㄡ	zhuan	业ㄨㄢ
zhan	业ㄢ	zhun	业ㄨㄣ
zhen	业ㄣ	zhuang	业ㄨㄤ
zhang	业ㄤ	zhong	业ㄨㄥ

ch(i) 　彳

ピ	注	ピ	注
chi	彳	chu	彳ㄨ
cha	彳ㄚ	chua	彳ㄨㄚ
che	彳ㄜ	chuo	彳ㄨㄛ
chai	彳ㄞ	chuai	彳ㄨㄞ
chao	彳ㄠ	chui	彳ㄨㄟ
chou	彳ㄡ	chuan	彳ㄨㄢ
chan	彳ㄢ	chun	彳ㄨㄣ
chen	彳ㄣ	chuang	彳ㄨㄤ
chang	彳ㄤ	chong	彳ㄨㄥ
cheng	彳ㄥ		

sh(i) | ㄕ

ㄆ	注	ㄆ	注
shi	ㄕ	sheng	ㄕㄥ
sha	ㄕㄚ	shu	ㄕㄨ
she	ㄕㄜ	shua	ㄕㄨㄚ
shai	ㄕㄞ	shuo	ㄕㄨㄛ
shei	ㄕㄟ	shuai	ㄕㄨㄞ
shao	ㄕㄠ	shui	ㄕㄨㄟ
shou	ㄕㄡ	shuan	ㄕㄨㄢ
shan	ㄕㄢ	shun	ㄕㄨㄣ
shen	ㄕㄣ	shuang	ㄕㄨㄤ
shang	ㄕㄤ		

r(i) | ㄖ

ㄆ	注	ㄆ	注
ri	ㄖ	reng	ㄖㄥ
re	ㄖㄜ	ru	ㄖㄨ
rao	ㄖㄠ	ruo	ㄖㄨㄛ
rou	ㄖㄡ	rui	ㄖㄨㄟ
ran	ㄖㄢ	ruan	ㄖㄨㄢ
ren	ㄖㄣ	run	ㄖㄨㄣ
rang	ㄖㄤ	rong	ㄖㄨㄥ

z(i) | ㄗ

ピ	注	ピ	注
zi	ㄗ	zang	ㄗㄤ
za	ㄗㄚ	zeng	ㄗㄥ
ze	ㄗㄜ	zu	ㄗㄨ
zai	ㄗㄞ	zuo	ㄗㄨㄛ
zei	ㄗㄟ	zui	ㄗㄨㄟ
zao	ㄗㄠ	zuan	ㄗㄨㄢ
zou	ㄗㄡ	zun	ㄗㄨㄣ
zan	ㄗㄢ	zong	ㄗㄨㄥ
zen	ㄗㄣ		

c(i) | ㄘ

ピ	注	ピ	注
ci	ㄘ	cang	ㄘㄤ
ca	ㄘㄚ	ceng	ㄘㄥ
ce	ㄘㄜ	cu	ㄘㄨ
cai	ㄘㄞ	cuo	ㄘㄨㄛ
cao	ㄘㄠ	cui	ㄘㄨㄟ
cou	ㄘㄡ	cuan	ㄘㄨㄢ
can	ㄘㄢ	cun	ㄘㄨㄣ
cen	ㄘㄣ	cong	ㄘㄨㄥ

s(i) | ㄙ

ㄆ	注	ㄆ	注
si	ㄙ	sang	ㄙㄤ
sa	ㄙㄚ	seng	ㄙㄥ
se	ㄙㄜ	su	ㄙㄨ
sai	ㄙㄞ	suo	ㄙㄨㄛ
sao	ㄙㄠ	sui	ㄙㄨㄟ
sou	ㄙㄡ	suan	ㄙㄨㄢ
san	ㄙㄢ	sun	ㄙㄨㄣ
sen	ㄙㄣ	song	ㄙㄨㄥ

母音

a	ㄚ	ou	ㄡ
o	ㄛ	an	ㄢ
e	ㄜ	en	ㄣ
ê	ㄝ	ang	ㄤ
ai	ㄞ	eng	ㄥ
ei	ㄟ	er	ㄦ
ao	ㄠ		

yi,-i｜ㄧ

yi	ㄧ	you	ㄧ ㄡ
ya	ㄧ ㄚ	yan	ㄧ ㄢ
yo	ㄧ ㄛ	yin	ㄧ ㄣ
ye	ㄧ ㄝ	yang	ㄧ ㄤ
yai	ㄧ ㄞ	ying	ㄧ ㄥ
yao	ㄧ ㄠ		

wu,-u｜ㄨ

wu	ㄨ	wan	ㄨ ㄢ
wa	ㄨ ㄚ	wen	ㄨ ㄣ
wo	ㄨ ㄛ	wang	ㄨ ㄤ
wai	ㄨ ㄞ	weng	ㄨ ㄥ
wei	ㄨ ㄟ		

yu,-u/ü｜ㄩ

yu	ㄩ	yun	ㄩ ㄣ
yue	ㄩ ㄝ	yong	ㄩ ㄥ
yuan	ㄩ ㄢ		

著者紹介
樂大維（Yue Dawei　がく　だいい）
台北市出身。東呉大学日本語学科卒業。台湾師範大学華語文教学研究所修了。2009年来日。2014年早稲田大学大学院人間科学研究科博士後期課程単位取得満期退学。専門は中国語教授法、マルチメディア教育法、語学教材開発、日中言語比較研究。現在、拓殖大学ほか講師。
著書：
『今日からはじめる台湾華語』（白水社）
『街ぶら台湾華語　旅先ですぐに使えるフレーズ＆単語帳』（国際語学社）
『新装版　街ぶら台湾華語』（アスク出版）
『旅の台湾華語　伝わる会話＆フレーズブック』（アスク出版）など。

本書の繁体字には、中華民国教育部標準楷書字形を使用しています。

台湾華語でぐるっと台湾めぐり

2020年11月10日　印刷
2020年12月5日　発行

著　者Ⓒ樂　　大　　維
発行者　　及　川　直　志
印刷・製本　図書印刷株式会社

発行所　101-0052 東京都千代田区神田小川町3の24
電話 03-3291-7811（営業部），7821（編集部）
www.hakusuisha.co.jp
株式会社　白水社
乱丁・落丁本は送料小社負担にてお取り替えいたします。

振替 00190-5-33228　　　Printed in Japan

ISBN 978-4-560-08886-9

ニューエクスプレスプラス
台湾語

村上嘉英 著

台湾の人々の7割以上が母語として用いる台湾語。庶民生活のさまざまな場面で用いられるこの言葉を発音から丁寧に解説していきます。音声アプリあり。

Ａ５判

今日からはじめる台湾華語

樂 大維 著

台湾の標準語を、発音から会話・文法の基本まで学びます。会話文や単語には注音符号・ピンインを併記。中国本土との言葉の違いも解説。

Ａ５判